同行援護従業者
養成研修テキスト

第4版

同行援護従業者養成研修テキスト編集委員会＝編集

中央法規

はじめに

　近年、障害者福祉施策は、歴史的に大きな転換期を迎えています。平成 15（2003）年に支援費制度が導入され、利用者の立場に立った制度構築、措置制度から利用契約制度へ移行する大きな変化がありました。その後、地域生活支援の重要性、三障害の制度の一元化、財源問題などにより平成 17（2005）年に障害者自立支援法が成立しました。

　平成 18（2006）年に国連において「障害者の権利に関する条約」（障害者権利条約）が採択されたことを受けて、国内法の整備などが着手されました。また、平成 21（2009）年 9 月に民主党を中心とした連立政権が誕生し、障害者自立支援法の廃止が表明されました。内閣総理大臣を本部長とする「障がい者制度改革推進本部」が設置され、「障害者基本法の一部改正」（平成 23 年 8 月 5 日公布・一部施行）、「障害者総合福祉法（仮称）」、「障害者差別禁止法」などの検討が行われてきました。

　これらの国内法の整備を行い障害者福祉制度が充実してきたことから平成 25（2013）年 10 月国会での条約締結に向けた議論が始まり、平成 25（2013）年 11 月 19 日の衆議院本会議、12 月 4 日の参議院本会議において全会一致で障害者権利条約の締結が承認されました。これを受けて、平成 26（2014）年 1 月にわが国は障害者権利条約を批准しました。

　平成 24（2012）年に「障害者総合支援法」が制定されるまでの間、障がい者制度改革推進本部等における検討を踏まえて障害保健福祉施策を見直すなかで、平成 22（2010）年に障害者自立支援法が一部改正され、障害福祉サービスにおいて「同行援護」が実施されることになり、自立支援給付の対象として新たに位置づけられたのです。

　障害福祉サービスである同行援護は、障害者団体や関係者の強い要望があって法律に規定されました。社会福祉法人日本盲人会連合（以下、「日盲連」という。現・日本視覚障害者団体連合）は、障害者自立支援法が施行された直後から、市町村地域生活支援事業における移動支援とは異なる自立支援給付として、同行援護の規定

を厚生労働省に訴え、要望してきました。そして、平成20（2008）年12月16日に取りまとめられた「社会保障審議会障害者部会報告〜障害者自立支援法施行後3年の見直しについて〜」において『重度の視覚障害者の同行支援について自立支援給付とするなど、自立支援給付の対象を拡大することを検討すべき』旨が明記されました。同年には、厚生労働省の「障害者自立支援対策臨時特例交付金」の事業として「視覚障害者移動支援事業資質向上研修（指導者養成）」を日盲連が実施し、移動支援の資質向上を推進してきました。また、厚生労働省の障害者保健福祉推進事業障害者自立支援調査研究プロジェクトによる「平成18年度視覚障害者の移動支援に関するあり方検討事業調査結果報告書」（日盲連）がまとめられました。さらに、「視覚障害児・者の移動支援の個別給付化に係る調査研究事業報告書」（平成22年3月、株式会社ピュアスピリッツ）、「地域生活支援事業における地域間の差異に関する調査」（平成23年3月、NPO法人神奈川県視覚障害者福祉協会）などの調査研究が実施され、視覚障害者（児）の移動支援に関する実態が明らかになり、視覚障害のある人の同行援護を規定するための基礎資料を集約しました。

　平成30（2018）年度の障害福祉サービス等報酬改定に伴い、同行援護サービスの規定が改定され、基本報酬の見直し、盲ろう者向け通訳・介助員が盲ろう者を支援した場合の加算の創設、同行援護ヘルパーおよびサービス提供責任者の要件の見直し等が行われました。なお、地域生活支援事業の都道府県事業の盲ろう者向け通訳・介助員派遣事業は存続することとされました。

　一方、視覚障害者を中心として講師陣や現場で実際に支援している移動支援従業者により、研修用のテキストが平成22（2010）年10月に作成されました。その際の研修テキストの作成に当たっては、神奈川県視覚障害者情報センター「神奈川ライトハウス」のスタッフの多大な努力がはらわれています。

　本書は、その研修テキストをベースにしながら、同行援護従業者用の研修テキストとしてリライトしたものです。研修は支援の現場に即した内容を網羅することが重要であることに鑑み、本書はそのような意図のもとに再編集されました。都道府県をはじめ、各種の研修機関での同行援護従業者の研修実施に役立つよう、この研

修テキストを活用された同行援護に携わる方や研修の講師の方たちのご意見をいただきながら、よりよい研修テキストにしたいと考えています。関係者の忌憚のないご意見を賜りたいと存じます。

　最後に、同行援護のサービスが視覚障害者（児）の生活の質の向上に貢献できることを願っています。

　令和３年９月

同行援護従業者養成研修テキスト編集委員会代表

坂本　洋一

本書の利用法について

　視覚障害がある人のための同行援護が、障害者総合支援法の自立支援給付の対象に位置づけられています。この同行援護は、従来の移動支援とは異なった障害福祉サービスで、単なる移動支援ではなく、情報支援を含む外出時の同行に関する支援を行うものです。自立支援給付の対象として位置づけられたことは、全国の都道府県は一定の水準で同行援護を提供するだけの研修を実施する責務を負うことになります。

　そのため、同行援護従業者研修に必要なテキストを作成することが重要であり、共通したテキストを研修において使用することによって、地域格差の解消や支援の質の確保という視覚障害がある人のための同行援護に重要となる課題を克服することができます。本書を適切に活用することによって、厚生労働省が示す同行援護の趣旨に沿った支援が普及します。そのため、研修の受講者はもとより研修を主催する自治体や研修の担当者、研修の講師が、研修に対して共通の認識をもてるよう、ここでは本書の利用法について解説をします。

●テキストの内容は、厚生労働省が示す研修内容を網羅していますので、すべての内容を研修に組み入れましょう

　厚生労働省は、同行援護従業者養成研修のカリキュラムを示しています。支援費制度が導入され、市町村に委ねられていた移動支援の考え方や技術は市町村間によって異なったものになっていました。自立支援給付の対象として位置づけられたことによって、都道府県が人材養成・育成の責務を担うことから、都道府県間により研修の内容が異なることは地域格差が生じる原因となります。本書は、厚生労働省が示す研修内容を網羅しています。したがって、一般課程および応用課程において、テキストの該当部分を漏れなく研修内容として組み入れて実施してください。

●テキストでは、標準的な同行援護の支援技術を記述していますので、支援
　場面の具体的な適用は、本書の支援技術をベースにして場面によって安全
　を確保することを前提に、柔軟に応用しましょう

　同行援護は、さまざまな場面によって、視覚障害がある人のニーズに即した適切
な情報提供、代読・代筆、移動支援を提供しなければなりません。視覚障害がある
人の置かれている環境、能力などはさまざまであり、個別的に対応することになり
ます。したがって、すべての支援場面における支援技術を網羅することは不可能で
す。本書では、標準的な支援技術を紹介しています。標準的な支援技術を無視した
場合、視覚障害がある人の生命に危険を及ぼすことがあることを認識しておかなけ
ればなりません。

　例えば、本テキストには移動支援の基本技能に関する習得の研修内容があります。
標準的な移動支援技術は、同行援護従業者の肘の少し上を視覚障害がある人が握り、
肘の角度がおおよそ90度になるようにして基本姿勢をとります。この標準的な移
動支援技術は、視覚障害がある人が次の行動を予知するのに適した姿勢です。上り
の階段か下りの階段かを予知することを可能にします。もし、視覚障害がある人が、
同行援護従業者の肩に手を添える技術の場合、混雑している場所などでは、同行援
護従業者との接触を失う可能性があります。そのため、肩に手を添える技術は、よ
く知っている環境で用いたり、歩行速度をゆっくりしたりするといった制限を余儀
なくされます。

　また、支援場面でよく遭遇することですが、若くて筋肉・運動感覚が発達してい
る視覚障害がある人の移動支援における電車乗降の支援を考えてみましょう。この
ような視覚障害がある人の場合、電車の手すりを握らないで電車乗降することがあ
るかもしれません。本書の中では、手すりを握って電車乗降の支援を行うよう記述
されています。この場合、視覚障害がある人の能力や経験によって安全を確保でき
るという判断があって初めて適用できる支援技術です。したがって、本書の内容が
不適切であると誤解をしないでください。

　このような点を踏まえて、本書の標準的な支援技術を理解してほしいと思います。

どのような支援技術を適用するにしても、同行援護の基本は、安全性を確保することが前提となります。

●研修の講師は、本書の内容を理解し、実技科目で個別的な適用に配慮しましょう

　同行援護従業者養成研修は、限られた時間内で受講者に適切な知識と的確な支援技術を獲得してもらうことが肝要です。そのため、研修の講師の力量に大きく依存します。同行援護という広範囲な支援を行う受講者が、研修を通じて、支援する自信と誇りをもてるように研修の成果を出さなければなりません。本書のテキストで記述されている標準的な移動支援技術は、適用に当たって、なぜその技術を用いるかという理由が必ず存在します。講師は、その理由を含めて支援技術を習得できるよう配慮してほしいと思います。支援技術は、ある形ではなく、合理的な理由によって用いられていることを認識してもらう必要があります。本書の移動支援技術は、『Orientation & Mobility Techniques：A Guide for the Practitioner』（Everett Hill and Ponder, AFB Press, 1976）に準拠して記述されています。この本は、翻訳書が発刊されていません。そこで、『視覚障害者の社会適応訓練　第3版』（芝田裕一編著、日本ライトハウス、1996）を参考にして、支援技術が用いられる背景を的確に受講者に伝えることを考慮してほしいと思います。

　また、受講者は、視覚障害がある人に対して個別的に対応することになり、支援の方法に個人差が生じます。歩行訓練を受けて歩行能力が高い人もいれば、訓練を受けておらず、従来の移動技術を習得していない人もいます。研修では、これらの両者を想定した講義や実技を行う必要があります。歩行能力が高い人は、階段昇降において白杖操作を省略する場合もあります。あるいは、白杖を操作して安全を自分自身で確保しようとする人もいます。訓練を受けていない視覚障害がある人では、白杖操作が全くできない可能性もあります。同行援護従業者は、視覚障害がある人に移動技術を強要することはできませんが、「このような移動技術がありますよ」といった技術の紹介の助言をすることができるようになってほしいと思います。

本テキストは、移動支援技術に関して、白杖を所持していない箇所もあります。これは決して白杖を所持しなくてもよいということではありません。道路通行の際の白杖の携行は、道路交通法によって義務づけられています。したがって、本書の立場においては、視覚障害がある人は、同行援護の支援を受けるときは、白杖を携行することを前提にしています。

●本テキストの構成を理解しましょう

　本テキストは、厚生労働省が示す一般課程と応用課程の研修内容を合わせた構成となっています。研修の時間は、講義、演習でそれぞれ規定されている時間を遵守しなければなりません。ある講義を時間的に短くして、実技科目にその時間を増やして実施することはできません。実技時間が不足していると判断したら、規定されている実技時間を増やすことは問題ありません。したがって、厚生労働省が示す講義時間数、演習時間数はそれぞれ最低限の時間数だと認識してほしいと思います。

　本書を編集するに当たって、「同行援護従業者養成研修テキスト編集委員会」では、一般課程と応用課程が効果的に網羅されたテキストとして、研修を実施しやすくするために二つの研修課程の内容を合わせました。同時に、当編集委員会は、一般課程と応用課程を合わせた研修内容のプログラムを都道府県において実施してほしいと考えています。

●本書と併せて、ビデオ映像を活用しましょう

　同行援護の技術は、言葉ではなかなか理解しにくいものです。研修時間数に上乗せして、市販されている移動支援のビデオ映像などを併用することをお勧めします。ただし、ビデオ映像だけを視聴させる研修方法ではなく、ビデオ映像の視聴とともに実際に演習を行うことが大切です。これにより、同行援護の技術がよりいっそう習得しやすくなります。

養成研修の企画について

　障害福祉サービスにおいて、同行援護のサービスが実施されてきました。その間、都道府県は同行援護従業者養成研修を併せて開催してきました。当初、私たちが最も懸念したのは、同行援護のサービス内容に都道府県格差が生じることでした。しかしながら、それ以前の問題として、同行援護従業者養成研修の実施状況に都道府県格差が生じています。

　現在、同行援護従業者養成研修は、都道府県が養成研修事業所を指定して、その指定事業所が主催する場合があります。都道府県が同行援護従業者養成研修のあり方をどのように受け止め、実施しているかによって、都道府県の地域格差が生じる大きな原因となっています。この養成研修は、本来、視覚に障害のある人の移動支援を含むコミュニケーション支援等の外出上の包括的な支援を、安全かつ効率的に行えるように支援技術等を習得するという目的をもっています。したがって、都道府県の研修担当者や養成研修の企画・運営者の力量が問われます。このような観点に立って、養成研修の企画の重要点を整理しました。

1　養成研修の内容は、告示されている科目と時間数以上を厳守する

　同行援護従業者養成研修カリキュラムの告示では、講義と演習の区分に従って、科目と時間数が示されています。この科目と時間数を充足して初めて修了証書が出ます。極端に言えば、研修の時間数が告示に示す時間数より5分でも短かったら、修了証書を出すことはできません。

2　養成研修のカリキュラム時間数を増やし、支援技術等の習得を確かなものにする

　告示に示しているように、カリキュラム内容は各都道府県において判断するものとされています。告示に示すカリキュラム時間数は厳守しなければなりませんが、科目数を増やし、時間数を一般課程であれば20時間以上にするといった工夫が求められます。また、科目数は増やさずに、告示に示されている時間数以上を行うことも必要になってくる場合があります。特に、演習においては、支援技術を確実に

習得することが前提ですので、受講者の状況によって、時間数を増やす工夫を心がけるべきです。ある自治体は、一般課程に「障がい者の人権」の講義を2時間追加して実施しています。

3　ベストの講師を選出し、研修の効果を上げる

　講師の選出については、「居宅介護職員初任者研修等について」（平成19年1月30日障発第0130001号　厚生労働省社会・援護局障害保健福祉部長通知）では、各教科の講師要件については、各都道府県において判断するものとされています。都道府県は、科目ごとに、適切に講師要件を定め、受講者が支援技術等を習得しやすく工夫する必要があります。例えばある自治体は、「障害者（児）の心理」の科目で研修講師の経験をもつ障害当事者を講師として選出しています。養成研修の担当者は、科目の講義や演習に対してベストの講師を選出する努力を行ってください。

　なお、演習を行うのに、視覚障害者の支援に携わった保健師や看護師がベストの講師かというと疑問が残ります。演習では、外出の際の基本技能や場面ごとの技能を習得することが目的です。保健師や看護師は、ある閉じた空間での支援の経験を有するかもしれませんが、外出場面での支援技術の適用は、多様な状況であり、外出場面での支援を経験していることは最低条件として考慮する必要があります。ベストな講師の選出が、研修の成功の成否を握っていると言えます。

4　各科目の講義内容の時間配分を考慮する

　告示の科目と時間に沿って、講義内容とその時間配分について提案します（下線部は告示で示された科目と時間数です）。研修を企画するとき、講師と密に打合わせを行い、適切な時間配分を心がけましょう。

(1)　視覚障害者（児）福祉サービス（60分）

　・障害者福祉の背景と動向（10分）　　・障害者福祉の制度とサービス（15分）

　・視覚障害の概念と定義（10分）　　・視覚障害の現状（5分）

　・視覚障害者の移動支援制度の変遷（10分）　　・移動支援と同行援護（10分）

(2)　同行援護の制度と従業者の業務（120分）

　・同行援護概論（15分）　　・同行援護従業者の職業倫理（15分）

・同行援護の制度（20分）　　・同行援護制度の利用（10分）

・同行援護従業者の業務（20分）　　・リスクマネジメント（10分）

・実務上の留意点（15分）　　・移動に関係する制度（15分）

(3)　障害・疾病の理解①（120分）

・視覚障害者についての理解（20分）　　・視覚障害の実態とニーズ（20分）

・「見え」の構造（40分）　　・視覚障害の原因疾病と症状（40分）

(4)　障害者（児）の心理①（60分）

・先天性視覚障害者の心理（20分）　　・中途視覚障害者の心理（20分）

・職場での心理（20分）

(5)　情報支援と情報提供（120分）

・言葉による情報提供の基礎（40分）　　・移動中の口頭による情報支援（40分）

・状況や場面別での情報提供（40分）

(6)　代筆・代読の基礎知識（120分）

・代筆（30分）　　・代読（20分）　　・点字、音訳の基礎（30分）

・情報支援機器の種類（30分）　　・自ら署名・押印する方法など（10分）

(7)　同行援護の基礎知識（120分）

・基本的な考え方（10分）　　・視覚障害者への接し方（15分）

・同行援護中の留意点（20分）　　・同行援護の留意点（20分）

・歩行に関係する補装具・用具の知識（20分）

・日常生活動作に関係する用具の知識（15分）

・環境と移動に伴う機器（20分）

(8)　障害・疾病の理解②（60分）

・「見える」ということ（10分）　　・「見えること」と「行動」（20分）

・弱視の見え方・見えにくさ（20分）　　・盲重複障害について（10分）

(9)　障害者（児）の心理②（60分）

・障害の受容（20分）　　・家族の心理（20分）　　・視覚障害者の人間関係（20分）

目　次

執筆者一覧

I 講義編

第1章 視覚障害者（児）の福祉サービス

1 障害者福祉の背景と動向

　わが国の障害者福祉制度は、現在もなお変革期の渦中ですが、昭和56（1981）年の国際障害者年を契機にノーマライゼーションの理念の進展がはかられ、障害者が地域で生活することの重要性が徐々に認識され始め、平成15（2003）年4月からスタートした「支援費制度」によって、自己決定の重視や利用者本位のサービス提供などが充実されました。支援費制度の施行により、在宅のサービスを中心に新たなサービス利用者が増加するなど、障害者の地域生活は大きく前進しましたが、給付費の増大、自治体間の格差、精神障害者福祉や就労支援策の立ち遅れなどの課題もあらためて浮き彫りになりました。

　これらの課題に対応するため、平成18（2006）年4月に障害者自立支援法が施行（同年10月に完全施行）され、三障害（身体、知的、精神）の一元化、サービス実施主体を市町村に一元化、サービス体系の再編、就労支援の強化、支給決定プロセスの透明化、費用負担の仕組みの強化などを柱に改革が行われました。

　平成22（2010）年1月、国連の障害者の権利に関する条約（障害者権利条約）の批准を目指して国内法の整備を進めるため、障がい者制度改革推進会議において障害者関連の法律の検討が行われました。その後、同年11月に、衆議院厚生労働委員長から障害者自立支援法の改正法案が提出され、12月に「障がい者制度改革推進本部等における検討を踏まえて障害者保健福祉施策を見直すまでの間において障害者等の地域生活を支援するための関係法律の整備に関する法律」が成立し、重度の視覚障害者の同行援護の個別給付化が実現しました。

　平成24（2012）年6月20日には、障害者の日常生活及び社会生活を総合的に支援するための法律（障害者総合支援法）が成立し、同年6月27日に公布されました。この法律は、平成25（2013）年4月1日から段階的に施行されています。

　この法律では、①障害者自立支援法に代わる障害者総合支援法の制定、②制度の谷間のない支援の提供、③個々のニーズに基づいた地域生活支援体系の構築、④サービス基盤の計画的整備、⑤障害者施策の段階的実施の5つの改革のポイントが指摘されています。

　具体的な改革の内容をみると、まず、障害者総合支援法の障害者の範囲に、

「治療方法が確立していない疾病その他の特殊な疾病であって政令で定めるものによる障害の程度が厚生労働大臣が定める程度である者」として難病患者等が追加されました。また、障害の特性に応じて支援が適切に行われるように、障害程度区分を改めて「障害支援区分」が導入されました（平成26（2014）年4月1日施行）。障害者自立支援法では重度の肢体不自由者に限られていた重度訪問介護の対象が、平成26（2014）年4月1日より重度の知的障害者・精神障害者にまで拡大され、さらに、共同生活介護（ケアホーム）は共同生活援助（グループホーム）に一元化されました。

　地域生活支援事業については、平成25（2013）年4月1日より、地域における共生社会を実現するために、市町村地域生活支援事業に新たに障害者等に関する理解を深めるための研修や啓発を行う事業等を追加するとともに、意思疎通支援にかかる市町村と都道府県の地域生活支援事業の役割分担を明確にしています。障害者総合支援法のほか、障害者基本法の改正（平成23（2011）年8月）、障害を理由とする差別の解消の推進に関する法律（障害者差別解消法）の成立および障害者の雇用の促進等に関する法律（障害者雇用促進法）の改正（平成25（2013）年6月）など、さまざまな法制度整備が行われ、平成26（2014）年1月20日、わが国は障害者権利条約の批准書を国連に寄託、同年2月19日より、わが国においてその効力が発生しました。

② 障害者福祉の制度とサービス

　障害者総合支援法による自立支援システムの全体像を図1-1に示します。自立支援システムは、自立支援給付として介護給付、訓練等給付、自立支援医療、補装具、地域相談支援、計画相談支援等の個別給付があり、その他に都道府県および市町村が実施する地域生活支援事業があります。また、平成29（2017）年度から、これまで地域生活支援事業に含まれていた事業やその他の補助事業のうち、国として促進すべき事業については「地域生活支援促進事業」として位置づけられ、障害者虐待防止対策、障害者就労支援等の事業が実施されています。

　障害福祉サービス等の体系を表1-1に、地域生活支援事業を表1-2に示しています。そのほか、身体障害者の失われた部位や機能を補い、日常生活などを容易にする義肢、装具、車いす、補聴器、視覚障害者安全つえといった補装具の購入や修理に要する費用を支給する「補装具費支給制度」があります。さらに、障害者総合支援法による制度ではありませんが、各種障害者手帳による旅客運賃割引制度などが講じられています（第2章「⑧移動に関係する制度」参照）。

図 1-1　自立支援システムの全体像

表 1-1　障害福祉サービス等の体系

種類		サービス名称	サービス内容	対象者
訪問系	介護給付	居宅介護	障害者等につき、居宅において入浴、排せつ及び食事等の介護、調理、洗濯及び掃除等の家事並びに生活等に関する相談及び助言その他の生活全般にわたる援助を行う。	障害支援区分が区分1以上（障害児にあってはこれに相当する支援の度合）である者 ただし、通院等介助（身体介護を伴う場合）を算定する場合にあっては、下記のいずれにも該当する者 ① 区分2以上に該当していること ② 障害支援区分の認定調査項目のうち、それぞれ（ア）から（オ）までに掲げる状態のいずれか一つ以上に認定されていること

表 1-1　つづき

			（ア）「歩行」「全面的な支援が必要」 （イ）「移乗」「見守り等の支援が必要」、「部分的な支援が必要」又は「全面的な支援が必要」 （ウ）「移動」「見守り等の支援が必要」、「部分的な支援が必要」又は「全面的な支援が必要」 （エ）「排尿」「部分的な支援が必要」又は「全面的な支援が必要」 （オ）「排便」「部分的な支援が必要」又は「全面的な支援が必要」
	重度訪問介護	重度の肢体不自由者又は重度の知的障害若しくは精神障害により行動上著しい困難を有する障害者であって、常時介護を要するものにつき、居宅において入浴、排せつ及び食事等の介護、調理、洗濯及び掃除等の家事並びに生活等に関する相談及び助言その他の生活全般にわたる援助並びに外出時における移動中の介護を総合的に行うとともに、病院、診療所、助産所、介護老人保健施設又は介護医療院に入院又は入所している障害者に対して、意思疎通の支援その他の必要な支援を行う。	障害支援区分が区分4以上（病院、診療所、介護老人保健施設、介護医療院又は助産所に入院又は入所中の障害者がコミュニケーション支援等のために利用する場合は区分6以上）であって、次の①又は②のいずれかに該当する者 ①　次の（ア）及び（イ）のいずれにも該当していること （ア）二肢以上に麻痺等があること。 （イ）障害支援区分の認定調査項目のうち「歩行」「移乗」「排尿」「排便」のいずれも「支援が不要」以外と認定されていること。 ②　障害支援区分の認定調査項目のうち行動関連項目等（12項目）の合計点数が10点以上である者
	同行援護	視覚障害により、移動に著しい困難を有する障害者等につき、外出時において、当該障害者等に同行し、移動に必要な情報を提供するとともに、移動の援護その他の当該障害者等が外出する際の必要な援助を行う。	同行援護アセスメント調査票による、調査項目中「視力障害」、「視野障害」及び「夜盲」のいずれかが1点以上であり、かつ、「移動障害」の点数が1点以上の者 ※障害支援区分の認定は必ずしも必要としないものとする。
	行動援護	知的障害又は精神障害により行動上著しい困難を有する障害者等であって常時介護を要するものにつき、当該障害者等が行動する際に生じ得る危険を回避するために必要な援護、外出時における移動中の介護、排せつ及び食事等の介護その他の当該障害者等が行動する際の必要な援助を行う。	障害支援区分が区分3以上であって、障害支援区分の認定調査項目のうち行動関連項目等（12項目）の合計点数が10点以上（障害児にあってはこれに相当する支援の度合）である者
	重度障害者等包括支援	常時介護を要する障害者等であって、意思疎通を図ることに著しい支障があるもののうち、四肢の麻痺及び寝たきりの状態にあるもの並びに知的障害又は精神障害により行動上著しい困難を有するものにつき、居宅介護、重度訪問介護、同行援護、行動援護、生活介護、短期入所、自立訓練、就労移行支援、就労継続支援、就労定着支援、自立生活援助及び共同生活援助を包括的に提供する。	障害支援区分が区分6（障害児にあっては区分6に相当する支援の度合）に該当する者のうち、意思疎通に著しい困難を有する者であって、以下のいずれかに該当する者 ①　重度訪問介護の対象であって、四肢すべてに麻痺等があり、寝たきり状態にある障害者のうち、次のいずれかに該当する者 ・人工呼吸器による呼吸管理を行っている身体障害者 ・最重度知的障害者 ②　障害支援区分の認定調査項目のうち行動関連項目等（12項目）の合計点数が10点以上である者
日中活動系	短期入所（ショートステイ）	居宅においてその介護を行う者の疾病その他の理由により、障害者支援施設、児童福祉施設その他の以下に掲げる便宜を適切に行うことができる施設への短期間の入所を必要とする障害者等につき、当該施設に短期間の入所をさせ、入浴、排せつ及び食事の介護その他の必要な支援を行う。	①　障害支援区分が区分1以上である障害者 ②　障害児に必要とされる支援の度合に応じて厚生労働大臣が定める区分における区分1以上に該当する障害児
	療養介護	病院において機能訓練、療養上の管理、看護、医学的管理の下における介護、日常生活上の世話その他必要な医療を要する障害者であって常時介護を要するものにつき、主として昼間において、病院において行われる機能訓練、療養上の管理、看護、医学的管理の下における介護及び日常生活上の世話を行う。また、療養介護のうち医療に係るものを療養介護医療として提供する。	病院等への長期の入院による医療的ケアに加え、常時の介護を必要とする障害者として次に掲げる者 ①　障害支援区分6に該当し、気管切開に伴う人工呼吸器による呼吸管理を行っている者 ②　障害支援区分5以上に該当し、次の（ア）から（エ）のいずれかに該当する者であること （ア）重症心身障害者又は進行性筋萎縮症患者 （イ）医療的ケアの判定スコアが16点以上の者 （ウ）障害支援区分の認定調査項目のうち行動関連項目等（12項目）の合計点数が10点以上である者であって、医療的ケアスコアが8点以上の者 （エ）遷延性意識障害者であって、医療的ケアスコアが8点以上の者

表1-1 つづき

			③ ①及び②に準ずる者として、機能訓練、療養上の管理、看護及び医学的管理の下における介護その他必要な医療並びに日常生活上の世話を要する障害者であって、常時介護を要するものであると市町村が認めた者 ④ 旧重症心身障害児施設（平成24年4月の改正前の児童福祉法（以下「旧児童福祉法」という。）第43条の4に規定する重症心身障害児施設をいう。）に入所した又は指定医療機関（旧児童福祉法第7条第6項に規定する指定医療機関をいう。）に入院した者であって、平成24年4月1日以降指定療養介護事業所を利用する①及び②以外の者
	生活介護	障害者支援施設その他の以下に掲げる便宜を適切に供与することができる施設において、入浴、排せつ及び食事等の介護、創作的活動又は生産活動の機会の提供その他必要な援助を要する障害者であって、常時介護を要するものにつき、主として昼間において、入浴、排せつ及び食事等の介護、調理、洗濯及び掃除等の家事並びに生活等に関する相談及び助言その他の必要な日常生活上の支援、創作的活動又は生産活動の機会の提供その他の身体機能又は生活能力の向上のために必要な援助を行う。	地域や入所施設において、安定した生活を営むため、常時介護等の支援が必要な者として次に掲げる者 ① 障害支援区分が区分3（障害者支援施設に入所する場合は区分4）以上である者 ② 年齢が50歳以上の場合は、障害支援区分が区分2（障害者支援施設に入所する場合は区分3）以上である者 ③ 障害者支援施設に入所する者であって障害支援区分4（50歳以上の場合は障害支援区分3）より低い者のうち、指定特定相談支援事業者によるサービス等利用計画案の作成の手続を経た上で、市町村が利用の組合せの必要性を認めた者 ※③の者のうち以下の者（以下、「新規の入所希望者以外の者」という。）については、原則、平成24年4月以降の支給決定の更新時にサービス等利用計画案の作成を求めた上で、引き続き、生活介護の利用を認めて差し支えない。 ・法の施行時の身体・知的の旧法施設（通所施設も含む）の利用者（特定旧法受給者） ・法の施行後に旧法施設に入所し、継続して入所している者 ・平成24年4月の児童福祉法改正の施行の際に障害児施設（指定医療機関を含む）に入所している者
施設系	施設入所支援	その施設に入所する障害者につき、主として夜間において、入浴、排せつ及び食事等の介護、生活等に関する相談及び助言その他の必要な日常生活上の支援を行う。	① 生活介護を受けている者であって障害支援区分が区分4（50歳以上の者にあっては区分3）以上である者 ② 自立訓練又は就労移行支援（以下この②において「訓練等」という。）を受けている者であって、入所させながら訓練等を実施することが必要かつ効果的であると認められるもの又は地域における障害福祉サービスの提供体制の状況その他やむを得ない事情により、通所によって訓練等を受けることが困難なもの ③ 生活介護を受けている者であって障害支援区分4（50歳以上の場合は障害支援区分3）より低い者のうち、指定特定相談支援事業者によるサービス等利用計画案の作成の手続を経た上で、市町村が利用の組合せの必要性を認めた者 ④ 就労継続支援B型を受けている者のうち、指定特定相談支援事業者によるサービス等利用計画案の作成の手続を経た上で、市町村が利用の組合せの必要性を認めた者 ※③又は④の者のうち「新規の入所希望者以外の者」については、原則、平成24年4月以降の支給決定の更新時にサービス等利用計画案の作成を求めた上で、引き続き、施設入所支援の利用を認めて差し支えない。 ・法の施行時の身体・知的の旧法施設（通所施設も含む）の利用者（特定旧法受給者） ・法の施行後に旧法施設に入所し、継続して入所している者 ・平成24年4月の児童福祉法改正の施行の際に障害児施設（指定医療機関を含む）に入所している者 ※障害者支援施設及びのぞみの園が行う施設障害福祉サービス（法第5条第1項に規定する施設障害福祉サービスをいう。以下同じ。）は、施設入所支援のほか、生活介護、自立訓練、就労移行支援及び就労継続支援B型とする。

表 1-1　つづき

		サービス名	内容	対象者
相談支援系	地域相談支援給付	地域相談支援（地域移行支援）	障害者支援施設等に入所している障害者又は精神科病院に入院している精神障害者その他の地域における生活に移行するために重点的な支援を必要とする者につき、住居の確保その他の地域における生活に移行するための活動に関する相談その他の必要な支援を行う。	次の者のうち、地域生活への移行のための支援が必要と認められる者 ① 障害者支援施設、のぞみの園、児童福祉施設又は療養介護を行う病院に入所している障害者 ※児童福祉施設に入所する18歳以上の者、障害者支援施設等に入所する15歳以上の障害者みなしの者も対象 ② 精神科病院に入院している精神障害者 ※地域移行支援の対象となる精神科病院には、医療観察法第2条第4項の指定医療機関も含まれる。 ③ 救護施設又は更生施設に入所している障害者 ④ 刑事施設（刑務所、少年刑務所、拘置所）、少年院に収容されている障害者 ※保護観察所、地域生活定着支援センターが行う支援との重複を避け、役割分担を明確にする観点等から、特別調整の対象となった障害者（平成21年4月17日法務省保観第244号、法務省矯正局長、保護局長連名通知に基づき、特別調整対象者に選定された障害者をいう。）のうち、矯正施設から退所するまでの間に障害福祉サービスの体験利用や体験宿泊など矯正施設在所中に当該施設外で行う支援の提供が可能であると見込まれるなど指定一般相談支援事業者による効果的な支援が期待される障害者を対象とする。 ⑤ 更生保護施設に入所している障害者又は自立更生促進センター、就業支援センター若しくは自立準備ホームに宿泊している障害者
		地域相談支援（地域定着支援）	居宅において単身等で生活する障害者につき、常時の連絡体制を確保し、障害の特性に起因して生じた緊急の事態等に相談その他必要な支援を行う。	① 居宅において単身であるため緊急時の支援が見込めない状況にある者 ② 居宅において家族と同居している障害者であっても、当該家族等が障害、疾病等のため、障害者に対し、当該家族等による緊急時の支援が見込めない状況にある者 なお、障害者支援施設等や精神科病院から退所・退院した者の他、家族との同居から一人暮らしに移行した者や地域生活が不安定な者等も含む。 ※共同生活援助、宿泊型自立訓練の入居者に係る常時の連絡体制の整備、緊急時の支援等については、通常、当該事業所の世話人等が対応することとなるため、対象外
	計画相談支援給付	計画相談支援（サービス利用支援）	① 障害福祉サービスの申請若しくは変更の申請に係る障害者若しくは障害児の保護者又は地域相談支援の申請に係る障害者の心身の状況、その置かれている環境、サービスの利用に関する意向その他の事情を勘案し、利用する障害福祉サービス又は地域相談支援の種類及び内容等を記載した「サービス等利用計画案」を作成する。 ② 支給決定若しくは支給決定の変更の決定又は地域相談支援給付決定後に、指定障害福祉サービス事業者、指定一般相談支援事業者等との連絡調整等の便宜を供与するとともに、支給決定又は地域相談支援給付決定に係るサービスの種類及び内容、担当者等を記載した「サービス等利用計画」を作成する。	障害福祉サービスの申請若しくは変更の申請に係る障害者若しくは障害児の保護者又は地域相談支援の申請に係る障害者
		計画相談支援（継続サービス利用支援）	支給決定又は地域相談支援給付決定の有効期間内において、当該者に係るサービス等利用計画が適切であるかどうかにつき、モニタリング期間ごとに、障害福祉サービス又は地域相談支援の利用状況を検証し、その結果及び心身の状況、その置かれている環境、サービスの利用に関する意向その他の事情を勘案し、「サービス等利用計画」の見直しを行い、その結果に基づき、次のいずれかの便宜を供与する。	指定特定相談支援事業者が提供したサービス利用支援により「サービス等利用計画」が作成された支給決定障害者等又は地域相談支援給付決定障害者

表1-1　つづき

			① 「サービス等利用計画」を変更するとともに、関係者との連絡調整等を行う。 ② 新たな支給決定若しくは支給決定の変更の決定又は地域相談支援給付決定が必要と認められる場合において、当該支給決定障害者等又は地域相談支援給付決定障害者に対し、当該申請の勧奨を行う。	
居住支援系	訓練等給付	自立生活援助	居宅における自立した日常生活を営む上での各般の問題につき、定期的な巡回又は随時通報を受けて行う訪問、相談対応等により、障害者の状況を把握し、必要な情報の提供及び助言並びに相談、関係機関との連絡調整等の自立した日常生活を営むための環境整備に必要な援助を行う。	障害者支援施設若しくは共同生活援助を行う住居等を利用していた障害者又は居宅において単身であるため若しくはその家族と同居している場合であっても、当該家族等が障害や疾病等のため居宅における自立した日常生活を営む上での各般の問題に対する支援が見込めない状況にある障害者であって、左記の支援を要する者。具体的には次のような例が挙げられる。 ① 障害者支援施設、のぞみの園、指定宿泊型自立訓練を行う自立訓練（生活訓練）事業所、児童福祉施設又は療養介護を行う病院に入所していた障害者 ※児童福祉施設に入所していた18歳以上の者、障害者支援施設等に入所していた15歳以上の障害者みなしの者も対象 ② 共同生活援助を行う住居又は福祉ホームに入居していた障害者 ③ 精神科病院に入院していた精神障害者 ④ 救護施設又は更生施設に入所していた障害者 ⑤ 刑事施設（刑務所、少年刑務所、拘置所）、少年院に収容されていた障害者 ⑥ 更生保護施設に入所していた障害者又は自立更生促進センター、就業支援センター若しくは自立準備ホームに宿泊していた障害者 ⑦ 現に地域において一人暮らしをしている障害者又は同居する家族が障害、疾病等により当該家族による支援が見込めないため実質的に一人暮らしと同等の状況にある障害者であって、当該障害者を取り巻く人間関係、生活環境又は心身の状態等の変化により、自立した地域生活を継続することが困難と認められる者
		共同生活援助（グループホーム）	障害者につき、主として夜間において、共同生活を営むべき住居において相談、入浴、排せつ又は食事の介護その他の日常生活上の援助を行う。	障害者 ※身体障害者にあっては、65歳未満の者又は65歳に達する日の前日までに障害福祉サービス若しくはこれに準ずるものを利用したことがある者に限る。
訓練・就労系		自立訓練（機能訓練）	障害者につき、障害者支援施設若しくは障害福祉サービス事業所に通わせ、当該障害者支援施設若しくは障害福祉サービス事業所において、又は当該障害者の居宅を訪問して行う理学療法、作業療法その他必要なリハビリテーション、生活等に関する相談及び助言その他の必要な支援を行う。	地域生活を営む上で、身体機能・生活能力の維持・向上等のため、一定の支援が必要な障害者。具体的には次のような例が挙げられる。 ① 入所施設・病院を退所・退院した者であって、地域生活への移行等を図る上で、身体的リハビリテーションの継続や身体機能の維持・回復などの支援が必要な者 ② 特別支援学校を卒業した者であって、地域生活を営む上で、身体機能の維持・回復などの支援が必要な者等
		自立訓練（生活訓練）	障害者につき、障害者支援施設若しくは障害福祉サービス事業所に通わせ、当該障害者支援施設若しくは障害福祉サービス事業所において、又は当該障害者の居宅を訪問して行う入浴、排せつ及び食事等に関する自立した日常生活を営むために必要な訓練、生活等に関する相談及び助言その他の必要な支援を行う。	地域生活を営む上で、生活能力の維持・向上等のため、一定の支援が必要な障害者。具体的には次のような例が挙げられる。 ① 入所施設・病院を退所・退院した者であって、地域生活への移行を図る上で、生活能力の維持・向上などの支援が必要な者 ② 特別支援学校を卒業した者、継続した通院により症状が安定している者等であって、地域生活を営む上で、生活能力の維持・向上などの支援が必要な者　等
		就労移行支援	就労を希望する65歳未満の障害者又は65歳以上の障害者（65歳に達する前5年間（入院その他のやむを得ない事由により障害福祉サービスに係る支給決定を受けていなかった期間を除く。）引き続き障害福祉サービスに係る支給決定を受けていたものであって、65歳に達する前日において就労移行支援に係る支給決定を受けていた障害者に限る。）	① 就労を希望する者であって、単独で就労することが困難であるため、就労に必要な知識及び技術の習得若しくは就労先の紹介その他の支援が必要な65歳未満の者又は65歳以上の者 ② あん摩マッサージ指圧師免許、はり師免許又はきゅう師免許を取得することにより、65歳以上の者を含む就労を希望する者 ※ただし、65歳以上の者は、65歳に達する前5年

表 1-1　つづき

		であって、通常の事業所に雇用されることが可能と見込まれるものにつき、生産活動、職場体験その他の活動の機会の提供その他の就労に必要な知識及び能力の向上のために必要な訓練、求職活動に関する支援、その適性に応じた職場の開拓、就職後における職場への定着のために必要な相談その他の必要な支援を行う。	間（入院その他やむを得ない事由により障害福祉サービスに係る支給決定を受けていなかった期間を除く。）引き続き障害福祉サービスに係る支給決定を受けていたものであって、65歳に達する前日において就労移行支援に係る支給決定を受けていた者に限る。
	就労継続支援（A型）	通常の事業所に雇用されることが困難な障害者のうち適切な支援により雇用契約等に基づき就労する者につき、生産活動その他の活動の機会の提供その他の就労に必要な知識及び能力の向上のために必要な訓練その他の必要な支援を行う。	企業等に就労することが困難な者であって、雇用契約に基づき、継続的に就労することが可能な者 ※ 65歳以上の者については、65歳に達する前5年間（入院その他やむを得ない事由により障害福祉サービスに係る支給決定を受けていなかった期間を除く。）引き続き障害福祉サービスに係る支給決定を受けていたものであって、65歳に達する前日において就労継続支援A型に係る支給決定を受けていた者に限る。具体的には次のような例が挙げられる。 ① 就労移行支援事業を利用したが、企業等の雇用に結びつかなかった者 ② 特別支援学校を卒業して就職活動を行ったが、企業等の雇用に結びつかなかった者 ③ 企業等を離職した者等就労経験のある者で、現に雇用関係がない者
	就労継続支援（B型）	通常の事業所に雇用されることが困難な障害者のうち通常の事業所に雇用されていた障害者であってその年齢、心身の状態その他の事情により引き続き当該事業所に雇用されることが困難となった者、就労移行支援によっても通常の事業所に雇用されるに至らなかった者その他の通常の事業所に雇用されることが困難な者につき、生産活動その他の活動の機会の提供その他の就労に必要な知識及び能力の向上のために必要な訓練その他の必要な支援を行う。	就労移行支援事業等を利用したが一般企業等の雇用に結びつかない者や、一定年齢に達している者などであって、就労の機会等を通じ、生産活動にかかる知識及び能力の向上や維持が期待される者。具体的には次のような例が挙げられる。 ① 就労経験がある者であって、年齢や体力の面で一般企業に雇用されることが困難となった者 ② 50歳に達している者又は障害基礎年金1級受給者 ③ ①及び②のいずれにも該当しない者であって、就労移行支援事業者等によるアセスメントにより、就労面に係る課題等の把握が行われている本事業の利用希望者 ④ 障害者支援施設に入所する者については、指定特定相談支援事業者によるサービス等利用計画案の作成の手続を経た上で、市町村が利用の組合せの必要性を認めた者
	就労定着支援	生活介護、自立訓練、就労移行支援又は就労継続支援（以下「就労移行支援等」という。）を利用して、通常の事業所に新たに雇用された障害者の就労の継続を図るため、企業、障害福祉サービス事業者、医療機関等との連絡調整を行うとともに、雇用に伴い生じる日常生活又は社会生活を営む上での各般の問題に関する相談、指導及び助言等の必要な支援を行う。	就労移行支援等を利用した後、通常の事業所に新たに雇用された障害者であって、就労を継続している期間が6月を経過した障害者（病気や障害により通常の事業所を休職し、就労移行支援等を利用した後、復職した障害者であって、就労を継続している期間が6月を経過した障害者も含む。）

表 1-2　地域生活支援事業

市町村地域生活支援事業	都道府県地域生活支援事業
【必須事業】 　1　理解促進研修・啓発事業 　2　自発的活動支援事業 　3　相談支援事業 　4　成年後見制度利用支援事業 　5　成年後見制度法人後見支援事業 　6　意思疎通支援事業 　7　日常生活用具給付等事業 　8　手話奉仕員養成研修事業 　9　移動支援事業 　10 地域活動支援センター機能強化事業 【任意事業】 福祉ホームの運営、訪問入浴サービス、生活訓練等、日中一時支援、地域移行のための安心生活支援、巡回支援専門員整備、相談支援事業所等（地域援助事業者）における退院支援体制整備、協議会における地域資源の開発・利用促進等の支援、児童発達支援センター等の機能強化等、レクリエーション活動支援、芸術文化活動振興、点字・声の広報等発行、奉仕員養成研修、複数市町村における意思疎通支援の共同実施促進、家庭・教育・福祉連携推進事業、盲人ホームの運営、知的障害者職親委託　等	【必須事業】 　1　専門性の高い相談支援事業 　2　専門性の高い意思疎通支援を行う者の養成研修事業 　3　専門性の高い意思疎通支援を行う者の派遣事業 　4　意思疎通支援を行う者の派遣に係る市町村相互間の連絡調整事業 　5　広域的な支援事業 【任意事業（サービス・相談支援者、指導者育成事業）】 障害支援区分認定調査員等研修事業、相談支援従事者等研修事業、サービス管理責任者研修事業、居宅介護従業者等養成研修事業、障害者ピアサポート研修事業、身体障害者・知的障害者相談員活動強化事業、音声機能障害者発声訓練指導者養成事業、精神障害関係従事者養成研修事業、精神障害者支援の障害特性と支援技法を学ぶ研修事業、その他サービス・相談支援者、指導者育成事業 【任意事業】 福祉ホームの運営、オストメイト（人工肛門、人工膀胱造設者）社会適応訓練、音声機能障害者発声訓練、児童発達支援センター等の機能強化等、矯正施設等を退所した障害者の地域生活への移行促進、医療型短期入所事業所開設支援、障害者の地域生活の推進に向けた体制強化支援事業、手話通訳者の設置、字幕入り映像ライブラリーの提供、点字・声の広報等発行、点字による即時情報ネットワーク、都道府県障害者社会参加推進センター運営、奉仕員養成研修、レクリエーション活動等支援、芸術文化活動振興、サービス提供者情報提供等、障害者自立（いきいき）支援機器普及アンテナ事業、企業ＣＳＲ連携促進、盲人ホームの運営、重度障害者在宅就労促進（バーチャル工房支援）、一般就労移行等促進、障害者就業・生活支援センター体制強化等、就労移行等連携調整事業、重度障害者に係る市町村特別支援、障害福祉のしごと魅力発信事業

3 視覚障害の概念と定義

　　ここでは、視覚障害概論①として、視覚障害の概念、視覚障害者の実態とニーズ、視覚障害者の移動支援制度の変遷、移動支援と同行援護、移動に関係する福祉制度などについて解説します。

1　WHO の定義

　　WHO（世界保健機関）では視覚障害に関する障害の定義を次のように定めています（表 1-3）。この定義によると、盲とは光覚がない状態から視力 0.05 未満をいい、弱視（low vision）とは視力 0.05 以上 0.3 未満をさしています。

表 1-3　視覚障害に関する定義

弱視	0.05 以上	0.3　未満
盲	0　　以上	0.05 未満

出典：World Health Organization. *International statistical classification of diseases, injuries and causes of death, tenth revision.* Geneva：WHO；1993.

2　視覚障害とは

　以前から使われていた「盲」という言葉は、全く見えない人をはじめとする視覚障害者全般を意味していました。その後、見えにくい人も含めた言葉として「視力障害」という名称が使われるようになり、現在では視力障害以外の視野狭窄などを含めた総称として、「視覚障害」という名称が一般的となっています。

　見えない人を全般的にさす「盲」に対して、視覚による日常生活は可能であるが著しく不自由をきたしている、つまり見えにくい人たちはどのように呼ばれているのでしょうか。これまでこの「見えにくい」人たちに対しては「弱視（ロービジョン）」や「半盲」と言われることが多かったのですが、最近の流れでは「弱視（ロービジョン）」と総称されることが多くなってきています。

　ここで、留意しなければならない点は、「弱視（ロービジョン）」と「医学的弱視」（amblyopia）とを区別しなければならないことです。医学的弱視とは「器質的な病変がないか、あったとしてもそれでは説明のつかない視力低下を伴ったもので、視覚機能の発達期に斜視や屈折異常などがあって、ものを見ることを妨げられた場合に起こる一眼の視力障害」をさしています（Bangerter,A.,Amblyopiebehandlung,(2nd ed.).Basel,Karger,1955）。

　ちなみに、英語圏の視覚障害当事者たちの間では、見えない人・見えにくい人を、「Blind」「Totally blind」「Partially sighted」の3つに分けて、解釈されています。

　日本での「Blind」は、視覚障害者全般をさしています。当然ロービジョン（弱視）の人たちも含まれています。「Totally blind」は、いわゆる全盲をさしています。「Partially sighted」とは、部分的に見える人たちをさしていて、視野狭窄のある人たちがこれに含まれています。

　上記の呼び名は公式的なものではなく、当事者の間で言われている呼び名であり、日本において、「半盲」とか「準盲」と呼ばれる類のものです。

　前述のとおり、視覚障害の概念は、社会的に用いられる場合や医学的立場の場合など、その定義は立場によって異なっています。

　次に、同行援護に関係が深い教育分野、福祉分野のそれぞれの立場からみた視覚障害を解説します。

3 教育・福祉分野の視覚障害の定義

❶ 教育分野の視覚障害の定義

視覚障害特別支援学校（旧盲学校）における視覚障害のとらえ方として、かつて全盲（文字はもちろん、全く明かりさえ見えない者、点字教育が必要と認められ矯正視力が両眼で 0.02 未満の者）、準盲（光覚、色覚、手動弁、指数弁、視力表による弁別を使用して、視力がかろうじて計測できる者、視力が両眼で 0.02 以上 0.04 未満の者）、弱視（活字が読める程度の視力がある者、視力が両眼で 0.04 以上の者）という区分がありました。

現在では、学校教育法施行令第 22 条の 3 の表に視覚障害の就学基準が定められており、視覚障害について定義しています（表 1-4）。

教育の立場での視覚障害は、教育活動を行ううえでの学習の手段が中心的な課題となっています。基準の中に表記されている「視力以外の視機能障害が高度のもの」とは、高度の視野狭窄、高度の夜盲などの障害を意味しています。

表 1-4　学校教育法における視覚障害の就学基準

障害の程度
両眼の視力がおおむね 0.3 未満のもの又は視力以外の視機能障害が高度のもののうち、拡大鏡等の使用によっても通常の文字、図形等の視覚による認識が不可能又は著しく困難な程度のもの

備考：視力の測定は、万国式試視力表によるものとし、屈折異常があるものについては、矯正視力によって測定する。

❷ 福祉分野の視覚障害の定義

福祉分野における視覚障害の定義について代表的なものは、身体障害者福祉法に規定されています。身体障害者福祉法は、身体障害者の自立と社会経済活動への参加を促進する観点から、障害者総合支援法とあいまって福祉の増進に寄与することを目的としています。したがって、法律による福祉サービスを受けるためには、法律で規定されている障害の範囲に該当しなければなりません。そこで、視覚障害の範囲は表 1-5 に示すとおり、視力障害と視野障害を指標として視覚障害が定められています。この視覚障害の範囲に該当していると認定されると、身体障害者手帳が都道府県知事、政令指定都市並びに中核市の市長から交付されます。法律的には、身体障害者手帳の交付を受けている人を視覚障害者とみなします。

身体障害者福祉法施行規則において、身体障害者手帳には障害等級が定められており、視覚障害者の場合は 1 ～ 6 級までに分けられています。さらに、平成 30（2018）年 7 月からはこの認定基準が変更されました（表 1-6）。障害等級を区分する方法は、視覚障害の原因ではなく、視力、視野の障害の程度

によって、表に示すように障害等級が決められています。通常、障害等級の1・2級を重度、3・4級を中度、5・6級を軽度と呼んでいます。

表1-5　身体障害者福祉法に規定されている視覚障害の範囲

次に掲げる視覚障害で、永続するもの
①両眼の視力（万国式試視力表によって測ったものをいい、屈折異常がある者については、矯正視力について測ったものをいう。以下同じ。）がそれぞれ0.1以下のもの
②一眼の視力が0.02以下、他眼の視力が0.6以下のもの
③両眼の視野がそれぞれ10度以内のもの
④両眼による視野の2分の1以上が欠けているもの

表1-6　視覚障害の障害等級表

1級	視力の良い方の眼の視力（万国式試視力表によって測ったものをいい、屈折異常のある者については、矯正視力について測ったものをいう。以下同じ。）が0.01以下のもの
2級	1　視力の良い方の眼の視力が0.02以上0.03以下のもの 2　視力の良い方の眼の視力が0.04かつ他方の眼の視力が手動弁以下のもの 3　周辺視野角度（I／4視標による。以下同じ。）の総和が左右眼それぞれ80度以下かつ両眼中心視野角度（I／2視標による。以下同じ。）が28度以下のもの 4　両眼開放視認点数が70点以下かつ両眼中心視野視認点数が20点以下のもの
3級	1　視力の良い方の眼の視力が0.04以上0.07以下のもの（2級の2に該当するものを除く。） 2　視力の良い方の眼の視力が0.08かつ他方の眼の視力が手動弁以下のもの 3　周辺視野角度の総和が左右眼それぞれ80度以下かつ両眼中心視野角度が56度以下のもの 4　両眼開放視認点数が70点以下かつ両眼中心視野視認点数が40点以下のもの
4級	1　視力の良い方の眼の視力が0.08以上0.1以下のもの（3級の2に該当するものを除く。） 2　周辺視野角度の総和が左右眼それぞれ80度以下のもの 3　両眼開放視認点数が70点以下のもの
5級	1　視力の良い方の眼の視力が0.2かつ他方の眼の視力が0.02以下のもの 2　両眼による視野の2分の1以上が欠けているもの 3　両眼中心視野角度が56度以下のもの 4　両眼開放視認点数が70点を超えかつ100点以下のもの 5　両眼中心視野視認点数が40点以下のもの
6級	視力の良い方の眼の視力が0.3以上0.6以下かつ他方の眼の視力が0.02以下のもの

4 視覚障害の現状

1　視覚障害児・者の数

厚生労働省「平成28年生活のしづらさなどに関する調査（全国在宅障害児・者等実態調査）結果」（以下、「実態調査」という）によると、日本の視覚障害児・者の総数は31万2000人と推定されています（表1-7）。年齢階級別に平成23（2011）年と比べると65歳以上の増加が顕著となっています。

表 1-7　障害の種類別にみた身体障害児・者 　　　　　　　　　　　　　　　　　　　　　　（単位：千人）

	総数	0～9歳	10～17歳	18～19歳	20～29歳	30～39歳	40～49歳	50～59歳	60～64歳	65～69歳	70歳以上	不詳
平成28年	4,287	31	37	10	74	98	186	314	331	576	2,537	93
平成23年	3,864	40	33	10	57	110	168	323	443	439	2,216	25
対前回比	110.9%	77.5%	112.1%	100.0%	129.8%	89.1%	110.7%	97.2%	74.7%	131.2%	114.5%	372.0%
平成28年内訳 視覚障害	312	1	4	–	8	8	18	29	25	40	175	5
聴覚・言語障害	341	4	1	1	6	6	14	16	21	34	228	9
肢体不自由	1,931	21	15	6	42	52	96	181	162	300	1,019	37
内部障害	1,241	5	10	–	13	24	31	59	94	154	821	29
障害種別不詳	462	–	6	3	6	9	28	28	28	48	293	14
（再掲）重複障害	761	8	15	6	21	28	42	64	69	123	369	15

資料：厚生労働省「平成28年生活のしづらさなどに関する調査（全国在宅障害児・者実態調査）結果」

2　日常生活の状況

　　　住環境や成育歴、視覚障害の程度、発症年齢などによって、日常生活上の不自由に違いはありますが、共通していわれることは移動（歩行）と読み・書きの不自由です。長年住み慣れた家の中であれば問題なく移動できますが、一歩外へ出れば、不自由を通り越して多くの危険を伴うことになります。なお、厚生労働省の前記「実態調査」結果のうち、移動・外出にかかわるものは次のとおりです。

1　「外出の状況」（障害者手帳所持者等）

　　65歳未満では、「毎日」の割合が最も高く、32.9％となっており、65歳以上では、「1週間に3～6日」の割合が最も高く、26.0％となっています。

2　「外出時の支援の必要性」（障害者手帳所持者等）

　　外出時に支援が必要な者は65歳未満が54.9％、65歳以上では53.2％となっています。また、外出時に支援が必要な者のうち「いつも必要」な者は、65歳未満が45.2％、65歳以上が57.4％となっています。

　　また、「いつも一人で外出できる」者の割合は、65歳未満が40.1％、65歳以上が36.2％となっています。

3　「一人で外出できない場合の外出方法」（障害者手帳所持者等・複数回答）

　　外出時に支援が必要な者の外出方法をみると、65歳未満、65歳以上ともに「家族の付き添い」と答えた者の割合が70％以上と最も高くなっています。

4　「外出する際にどの程度福祉サービスを利用したいか」（障害者手帳所持者等）

　　外出する際の支援として、どの程度福祉サービスを利用したいかをみると、「利用を希望している」者の割合が、65歳未満では21.8％、65歳以上では22.8％となっています。また、「利用を希望していない」者の割合は、65歳未

満では 41.7％、65 歳以上が 32.6％となっています。

5 視覚障害者の移動支援制度の変遷

視覚障害者に対するガイドヘルプサービス事業は、次のような経過をたどってきました。

1 支援費制度導入前の制度

昭和 37（1962）年に在宅高齢者を対象としたホームヘルプサービスが老人家庭奉仕員派遣事業として導入されました。昭和 42（1967）年に身体障害者を対象とした事業が開始され、居室内における家事援助（洗濯、掃除、調理など）が中心となるサービスでした。事業の実施主体は市町村、事業の一部を委託する先は市町村社会福祉協議会などに限定されていました。

昭和 49（1974）年、身体障害者地域福祉活動促進事業に視覚障害者を対象とした盲人ガイドヘルパーの派遣が導入されました。

昭和 54（1979）年、障害者社会参加促進事業に盲人ガイドヘルパー派遣事業も含まれるようになりました。実施主体は都道府県および市、事業の一部を身体障害者福祉団体などに委託することができました。対象者は、付き添いが得られない重度視覚障害者で、低所得世帯に属する重度の視覚障害者に限定されており、内容としては、行政や医療機関など、社会生活上外出が困難な場合に派遣対象となっていましたが、余暇活動のための外出は派遣対象外でした。ガイドヘルパーは実施主体が適当と認め、登録された者でした。また、ガイドヘルパーは、派遣を必要とすると認定された障害者が推薦していました。さらに派遣の単位は、半日を 1 単位として実施主体が必要と認めたときは、月 10 単位を限度として認めていました。

平成 2（1990）年、盲人ガイドヘルパー派遣事業は、障害者社会参加促進事業のメニュー事業から身体障害者ホームヘルプサービス事業に位置づけが変更となりました。

2 支援費制度における制度

平成 15（2003）年、支援費制度導入に伴い視覚障害者の移動支援も支援費の対象サービスに位置づけられました。従来の「措置制度」から「契約制度」に変更となる大きな変化でした。居宅介護等支援の「移動介護中心業務」というサービス単価が適用され、対象者は、屋外での移動に著しい制限のある視覚

障害者とされました。このときからガイドヘルパーには、厚生労働省告示によって定められた外出時における移動の介護に関する知識および技術を習得することを目的として行われる研修修了者という資格要件が設けられたのです。これを利用したい視覚障害者は、市町村に支援費の支給申請を行い、30分単位で月単位の支給量などが決められ、基準額に基づく単価が事業者に支払われていました。利用者は前年の所得などに応じた自己負担額を事業者に支払っていました。

3　障害者自立支援法による制度

　平成17（2005）年11月に障害者自立支援法が制定されました。

　平成18（2006）年4月に、障害者自立支援法の一部が施行され、第1次施行における障害福祉サービスが実施されました。この法律では、身体障害者、知的障害者、精神障害者へのサービス体系を三障害共通のサービスとし、移動支援の内容としては、基本的に支援費制度におけるサービス体系を継続しました。

　同年10月に障害者自立支援法が全面施行され、ホームヘルプサービスおよびガイドヘルプサービスは、「介護給付」と「地域生活支援事業」に大別されました。このときに移動支援は地域生活支援事業に位置づけられ、従来の「外出介護」の対象者のうち介護給付サービスの対象者以外の視覚障害者などに対するマンツーマンの支援、グループへの同時支援、突発的なニーズへの対応など柔軟性のある支援を提供することができるようになりました。

　「介護給付」は障害程度区分の認定を行い、障害状況を勘案して支給を決定し、サービス利用計画に基づき提供される「個別給付」として位置づけることになりました。このことで、全国一律のサービスが受けられるように国が支給決定のルールや事業者の指定基準、報酬基準を定めました。訪問系の介護給付には、居宅介護の身体介護、家事援助があります。

　「地域生活支援事業」は地域の特性や障害者の状況に応じて柔軟に実施されることが好ましい事業と位置づけられ、地方自治体の判断により事業を組み立てて実施することができるようになりました。

　平成23（2011）年10月から、移動支援事業のうちの重度視覚障害者に対する個別支援を「同行援護」として創設し、自立支援給付に位置づける改正が行われました。対象者は、視力障害、視野障害、夜盲などによる移動障害について、独自のアセスメント票を使用して判定することとし、業務の内容に「代筆と代読」が含まれることが明確化されました。さらに、ガイドヘルパーも同行援護従業者として同行援護従業者養成研修を受けることが義務づけられ、従事者の技術の向上がはかられることとなりました。

6 移動支援と同行援護

　市町村による地域生活支援事業における移動支援事業によるサービスと、平成23（2011）年10月1日から始まった「同行援護」（個別給付）のサービスの対象者、支援の範囲などについては、同行援護が新しく創設されたため異なるサービスとなります。

　同行援護のサービスの内容などについては、第2章を参照してください。

　従来の市町村地域生活支援事業における移動支援事業は存続します。同行援護が創設されたことを受けて、市町村地域生活支援事業が廃止されるわけではありません。同行援護は個別給付として位置づけられ、原則的にはマンツーマンの実施形態となり、身体介護を伴う場合には、2人の同行援護従業者による2人介護が認められることもあります。

　従来の市町村地域生活支援事業の移動支援事業は、市町村によってその実施体制、運営基準、従事者要件などが異なっているため、一様にその事業内容を解説することは困難です。少なくとも、厚生労働省が示している「市町村地域生活支援事業実施要綱」（資料）に沿った形で、市町村が創意工夫して実施しています。今後も、この実施要綱に沿って移動支援事業が運営されます。

資料　市町村地域生活支援事業実施要綱（移動支援事業実施要領のみを抜粋）

移動支援事業実施要領

1　目的

　　屋外での移動が困難な障害者等について、外出のための支援を行うことにより、地域における自立生活及び社会参加を促すことを目的とする。

2　実施主体

　　市町村、特別区、一部事務組合及び広域連合とする。

　　ただし、都道府県が地域の実情を勘案して実施主体に代わって事業の一部を実施することができるものとする。

3　事業内容

（1）実施内容

　　移動支援を実施することにより、社会生活上必要不可欠な外出及び余暇活動等の社会参加のための外出の際の移動を支援する。

（2）実施方法

　　実施主体の判断により地域の特性や個々の利用者の状況やニーズに応じた柔軟な形態で実施すること。なお、具体的には以下の利用形態が想定される。

　ア　個別支援型

　　　個別的支援が必要な者に対するマンツーマンによる支援

　イ　グループ支援型

　　（ア）　複数の障害者等への同時支援

　　（イ）　屋外でのグループワーク、同一目的地・同一イベントへの複数人同時参加の際の支援

　ウ　車両移送型

　　（ア）　福祉バス等車両の巡回による送迎支援

　　（イ）　公共施設、駅、福祉センター等障害者等の利便を考慮し、経路を定めた運行、各種行事の参加のための運行等、必要に応じて支援

（3）対象者

　　実施主体が外出時に移動の支援が必要と認めた障害者等とする。

（4）サービスを提供する者

　　サービスを提供するに相応しい者として実施主体が認めた者とする。

4　留意事項

（1）指定事業者への事業の委託

　　サービス提供体制の確保を図るため、実施主体は、

　　・法における居宅介護など個別給付のサービス提供を行う指定事業者

　　・これまで支援費制度で移動介護のサービス提供を行っている指定事業者

　　などを活用した事業委託に努めること。

　　また、実施主体が作成した委託事業者リストから利用者が事業者を選択できるような仕組みとすることが適当であること。

（2）突発的ニーズへの対応

　　急な用事ができた場合、電話等の簡便な方法での申し入れにより、臨機応変にサービス提供を行うこと。

（3）サービス提供者については、平成13年6月20日障発第0620263号厚生労働省社会・援護局障害保健福祉部長通知「障害者（児）ホームヘルパー養成研修事業の実施について」を活用するなど、その資質の向上に努めること。

　　また、利用者の利便性を考慮し、他の市町村（特別区を含む。）への外出等に支障を生じないよう配慮するとともに、代筆、代読等障害種別に配慮したサービス提供に努めること。

第2章 同行援護の制度と従業者の業務

1 同行援護概論

　本節では、同行援護制度を実施する際に、行政機関、視覚障害者（児）、事業所、同行援護従業者が知っておくべき内容について解説します。

　平成15（2003）年の支援費制度から続く視覚障害者等の移動に関するサービスは、平成18（2006）年に施行された障害者自立支援法により大きく変化しました。支援費制度では国が基準を示していましたが、障害者自立支援法においては、市町村の判断で柔軟に行える地域生活支援事業の中の一事業である「移動支援事業」へと位置づけられました。

　この移動支援事業については、関係団体などから以下の課題が指摘されていました。

- ●地域間格差をなくすこと
- ●中山間地域で移動手段を多様にすること
- ●利用者負担を応能負担に近づけること
- ●利用内容や目的地に柔軟性をもたせること
- ●代筆・代読を盛り込むこと

　これらの課題に対しては、平成20（2008）年7月に社会保障審議会障害者部会の関係団体ヒアリングにおいて、日本盲人会連合（現・日本視覚障害者団体連合）が移動支援事業の自立支援給付化の必要性を説明するとともに、その後も政府与党や厚生労働省に対して自立支援給付化の必要性を強く求めてきた結果、同年12月に取りまとめられた「社会保障審議会障害者部会報告」において『重度の視覚障害者の同行支援について自立支援給付とするなど、自立支援給付の対象を拡大することを検討するべき』旨が明記されました。

　その後、平成22（2010）年12月には「障がい者制度改革推進本部等における検討を踏まえて障害保健福祉施策を見直すまでの間において障害者等の地域生活を支援するための関係法律の整備に関する法律」が成立し、同法により平成23（2011）年10月より、重度の視覚障害者の外出時の支援を行う個別給付（自立支援給付）の障害福祉サービスとして「同行援護」が実施されることとなりました。その後、平成25（2013）年4月、平成26（2014）年4月に改正が行われています。

　同行援護においては、支給対象者の要件について、全盲であっても非該当となり得る既存の障害程度区分（平成26（2014）年4月からは障害支援区分）

認定ではなく、視覚障害の状態に合わせた新たなアセスメント（視力、視野、移動能力など）が導入されました。

同行援護従業者の資格要件や養成研修についても、介護福祉士やホームヘルパー有資格者であっても、専門研修の受講や実務経験を必須とし、また同行援護従業者養成研修の内容についても、従来「全盲」を中心で学んできた内容に、「弱視（ロービジョン）」が加わりました。さらに移動だけではない情報提供の技術として、点字や音訳、代筆・代読など言葉や文字でのコミュニケーション技術もカリキュラムに導入されることで、視覚障害者の「眼の代わり」となる同行援護従業者の質の向上と専門性を付加し、視覚障害者に対してより安心と安全を提供する同行援護従業者を養成することになりました。

事業所に関しては、それまで移動支援事業者が市町村ごとに委託あるいは登録申請を行うことで、移動支援サービスを提供していましたが、都道府県、政令指定都市、中核市による指定事業者となり、多くの事業者の参入が見込まれています。

また、介護保険の対象となる高齢者については、外出時における視覚情報支援を行うサービスがないことから、介護保険対象者であっても同行援護を利用できることとするなど、他法との関係も明確になりました。

1 行政、指定同行援護事業所、視覚障害者の関係

①視覚障害者が相談支援事業者または市町村に相談・申込みをします。

②市町村に同行援護の利用を申請し、相談支援事業者や障害者自らがサービス等利用計画案を作成し提出します。

③市町村は、同行援護アセスメント票により調査を行います。

④市町村は、視覚障害者からサービス利用意向の聴取を行います。

⑤視覚障害者はサービス等利用計画案の提出をします。

⑥1か月当たりに利用できる「支給時間」（障害福祉サービスの量、つまり、「支給量」）が決定・通知されます。

⑦市町村は、支給決定を行ったときに障害福祉サービス受給者証を交付します。

⑧決定通知が届いた視覚障害者（相談支援事業者）は、任意の指定同行援護事業所に個別支援計画書の作成を依頼します。個別支援計画書に合意したら、視覚障害者と事業者間で契約を行います。

なお、同行援護サービス支援加算の支給決定が必要と見込まれる場合は障害支援区分認定の手続きが発生します（本章「④同行援護制度の利用」1参照）。

2　指定同行援護事業所と視覚障害者との関係

①契約が終わった指定同行援護事業所は同行援護従業者を決定し、手配した同行援護従業者の氏名などを視覚障害者に連絡し、サービスを提供します。

②同行援護終了時に視覚障害者に確認印を押してもらい終了となります（指定同行援護事業者は、指定同行援護の提供日、内容、その他必要な事項を提供のつど記録し、視覚障害者の確認を得なければなりません）。押印原則廃止の方針を受け、自治体ごとにその取り扱いが示されています。

③指定同行援護事業者が指定同行援護を提供した際には、支給決定を受けた視覚障害者から利用者負担額の支払いを受けます。

④指定同行援護事業者は支給決定を受けた視覚障害者などから依頼を受けて、利用者負担額などにかかわる管理を行うことができます。

サービス等利用計画はモニタリングが行われ、必要であれば利用計画の変更を、相談支援事業者や自らがしなければなりません。

3　指定同行援護事業所と、行政、同行援護従業者との関係

①指定同行援護事業所は、1か月分の介護給付費を取りまとめて市町村（国民健康保険団体連合会）に請求します。

②その後、市町村は審査のうえ、事業所に支払いを行います。

③指定同行援護事業所は、指定同行援護に従事した同行援護従業者に対して給与を支払います。

2 同行援護従業者の職業倫理

同行援護とは、障害者総合支援法第5条第4項において、「視覚障害により、移動に著しい困難を有する障害者等につき、外出時において、当該障害者等に同行し、移動に必要な情報を提供するとともに、移動の援護その他の厚生労働省令で定める便宜を供与すること」として規定されています。

地域で生活をする視覚障害者にとって有益な同行援護従業者とは、移動支援技術を学んだだけの人ではありません。支援技術を学ぶだけで、障害特性に合った同行援護を提供できるわけではありません。同行援護従業者は利用者の障害特性を理解したうえで最低限のマナーとルールを守り、サービスを提供することが重要です。

常に視覚障害者の人権を尊重し、同じ社会で生活しているという共感性をもちながら、それぞれの個性を尊重して同行援護従業者の業務の中で、より深い

信頼関係を築く必要があります。

　それは、当然ながら依頼された支援内容を理解したうえで実行し、その中で知り得た個人情報を守ることです。また常に自己反省と研鑽（けんさん）を積み重ねることで、視覚障害者にとってより有益な同行援護従業者へと向上できるでしょう。

1　同行援護の基礎知識

　同行援護の重要性を自覚することが大切です。同行援護の目的は、安全かつ快適に視覚障害者への「視覚情報の支援」と「移動の支援」をすることです。また、公共性をもった仕事であり、人が人とかかわり、人が人を支えるという人間的な仕事であることに誇りをもちましょう。

2　同行援護従業者の仕事を理解すること

　業務の中でその視覚障害者の本当のニーズを見つけ、適切な支援をすることが大切です。

❶ 移動支援

　外出時の支援を中心として、安全かつ快適な移動の支援を心がけます。移動中において生命の危険となるような状況を回避する必要があります。

❷ 情報の提供

　情報の提供は、同行援護においてもっとも重要な支援の1つであるとともに、他のサービス類型にはない、もっとも専門性を必要とする独自の部分です。

　外出時の行動目的の決定や変更の判断、選択（例えば、買い物の際にどこの店で、どの商品を買うのかなど）を行うのは、サービスを利用する視覚障害者本人ですので、その判断に必要となる視覚的な環境情報などを、的確かつ客観的に伝える必要があります。

　その情報提供を視覚障害者本人の眼となって、視覚障害者本人の意向に沿って行い、視覚障害者本人が適切に判断を行えるかが、同行援護のサービス提供を行ううえでもっとも重要であることを理解する必要があります。

❸ 代筆・代読

　代筆をするときは、誤字・脱字のないよう細心の注意をはらいながら、一字一句丁寧に書きましょう。代読の際は、字を間違えて読んだり意味を取り違えたりすることのないように、はっきりと読みましょう。周囲の状況も踏まえた形での実施を心がけるように注意しましょう。同行援護従業者自身の判断で文

章を省略してはいけません。また、視覚障害者自らが書く、読むための支援もあります。

3　信頼関係

　　障害者は、障害をもちながらも自分なりの生活を積み上げ、自分らしい生き方を望んでいます。同行援護の業務内であれば、視覚障害者に共感し、あるがままに受け入れて支援することが大切です。また視覚障害者の自己決定権を尊重し、「支援する」という一方向の考え方ではなく、「適切な支援方法を学ばせていただく」という双方向の関係性で信頼関係はつくられます。

❶ 個人への対応

　　人にかかわり、人を支えるヒューマンサービスのポイントは「信頼関係」です。視覚障害者との会話など、コミュニケーションを大切にし、その信頼を得て業務を進めましょう。

❷ 周囲との対応

　　視覚障害者だけではなく、家族や関係者との信頼関係も重要です。主体はあくまでも視覚障害者であり、同行援護従業者の意思を押しつけることのないよう注意しましょう。

4　声かけやあいさつの大切さ

　　視覚障害者と出会ったときに、正面から相手の顔を見て、やさしくはっきりと微笑を浮かべながらあいさつするとともに、健康状態を確認しましょう。これは相手に信頼される第一歩となります。あいさつは出会ったときの合図であると同時に、同行援護に従事するときの重要な要素であることを意識しましょう。視覚障害者は慣れてくると声だけで判断できるようになりますが、知っている人であっても自分の名前を必ず名乗りましょう。

　　また、業務と私的なことを分けて接することを意識してください。とかく大きな声になりがちですが、視覚障害者に適切な音量で、はっきりと確実に伝えることが大切です。

5　グループ（チーム）としての対応

　　視覚障害者を支えているのは一人ではなく、責任者を中心に同じ目標をもつ専門家の集団であることを自覚しましょう。つまりチーム（同一の視覚障害者

にかかわる同行援護従業者など）が1つになり、視覚障害者を支援していることを意識することが大切です。単独プレーはせず、チームでのバランスを保つように心がけましょう。できないこと、できることの差があればあるほど、視覚障害者に不安や不満を抱かせることになります。また、身体状況など、同行援護にかかわる情報は共有して対応しましょう。

6　ルールを守りプライバシーを保護しましょう

　　視覚障害者や家族の生活にかかわることで自然にプライバシーを知る立場になりますが、情報を漏らすことで信頼関係を壊すことはいうまでもなく、仕事まで失う場合もあります。同行援護従業者は視覚障害者に対してサービスの提供を行うに当たり、業務上知りたくなくても知ってしまう情報があることを自覚しましょう。当然のことながら、視覚障害者および家族のプライバシーを尊重し、知り得た情報は他人に絶対に漏らさないよう厳重に注意しましょう。個人情報およびプライバシーなどは、同行援護従業者として確実に守るべき内容であることを毎回確認するように心がけ、知り得た個人情報はたとえ業務にかかわりがなくなっても公開してはなりません。

7　視覚障害者の人格を尊重しましょう

　　高齢であること、未成年者であること、他の障害があることなど、視覚障害者は個々人別々のバックグラウンドがあります。それぞれの人の人権を尊重しなければなりません。声を上げられない視覚障害者の権利擁護に留意することも必要です。視覚障害者の人格を尊重し、その訴えや申し出には十分耳を傾けてください。視覚障害者の話を無視したりせず十分に聞く姿勢をもち、丁寧に対応しましょう。視覚障害者にはそれぞれに歴史があり、習慣があることを理解しましょう。また、未成年者への支援の際には保護者への報告を確実に行い、不適切な対応をしていないか確認しましょう。

8　ゆとりある態度で業務を遂行しましょう

　　同行援護従業者は、自らの心と身体の健康状態を万全にし、ゆとりのある態度を保つように注意してください。健康でなければよい支援ができないことを自覚し、体調管理に努めましょう。一年ごとの定期健診を心がけ、常に健康な状態で業務に臨みましょう。

9　自分の業務に対する振り返りを行いましょう

　　不足している知識や技術を補うために、自分を振り返ることが大切です。新たな気づきや必要な研修などへの参加により人間性が磨かれ豊かになり、さらには次の業務へのよい支援の足がかりとなります。毎回終了時に同行援護従業者としての態度を振り返るようにしましょう。支援技術についての疑問や不安な点はすぐに事業所に問い合わせましょう。また、研修などを積極的に受講しましょう。

10　記録やメモを残しましょう

　　同行援護終了後は記録をつけましょう。視覚障害者の体調の変化や生活上特に注意を要する事項、代筆や代読した文書名等についても記録するとともに、仲間（支援関係者）にも情報の共有をはかるよう心がけてください。問題や課題を整理して事例検討をして、次のサービスにつなげるよう心がけましょう。また、引き続き同じ視覚障害者を支援する場合は、同じことを何度も聞くことがないように、前回までの記録を読み直すなどしておきましょう。

11　障害者虐待防止法について

　　平成 12（2000）年 11 月の児童虐待の防止等に関する法律（児童虐待防止法）、平成 18（2006）年 4 月の高齢者虐待の防止、高齢者の養護者に対する支援等に関する法律（高齢者虐待防止法）に続き、障害者虐待の防止、障害者の養護者に対する支援等に関する法律（障害者虐待防止法）が平成 24（2012）年 10 月に施行されました。

　　障害者虐待防止法の目的は、障害者に対する虐待が障害者の尊厳を害するものであり、障害者の自立および社会参加にとって虐待を防止することが極めて重要であることに鑑み、障害者に対する虐待の禁止、早期発見、国等の責務、障害者虐待を受けた障害者に対する保護や自立の支援、養護者に対する支援等を行うことにより、障害者の権利利益の擁護に資すること、とされています。

　　ここでいう障害者とは、18 歳未満も含む「身体、知的、精神障害（発達障害を含む）その他心身の機能の障害がある者であって、障害および社会的障壁により継続的に日常生活、社会生活に相当な制限を受ける状態にある者」とされており、障害者手帳を所持していない場合も含まれています。

❶ 障害者虐待に該当するもの

①養護者による障害者虐待

　　養護者とは、障害者の身辺の世話や身体介助、金銭の管理などを行っている障害者の家族、親族、同居人等をいいます。

②障害者福祉施設従事者等による障害者虐待

　　障害者福祉施設従事者等とは、障害者総合支援法に規定する「障害者福祉施設」または「障害福祉サービス事業等」にかかる業務に従事する者をいいます。

③使用者による障害者虐待

　　使用者とは、障害者を雇用する事業主または事業の経営担当者その他その事業の労働者に関する事項について事業主のために行為をする者をいいます。

❷ 虐待の類型

①身体的虐待

　　障害者の身体に外傷が生じ、もしくは生じるおそれのある暴行を加え、または正当な理由なく障害者の身体を拘束すること。

②性的虐待

　　障害者にわいせつな行為をすることまたは障害者をしてわいせつな行為をさせること。

③心理的虐待

　　障害者に対する著しい暴言または著しく拒絶的な対応その他の障害者に著しい心理的外傷を与える言動を行うこと。

④放棄・放置

　　障害者を衰弱させるような著しい減食、長時間の放置、養護者以外の同居人による①から③までに揚げる行為と同様の行為の放置等、養護を著しく怠ること。

⑤経済的虐待

　　養護者または障害者の親族が当該障害者の財産を不当に処分すること、その他当該障害者から不当に財産上の利益を得ること。

　なお、高齢者関係施設の入所者に対する虐待については、65歳未満の障害者に対する虐待も含めて高齢者虐待防止法が適用され、障害児入所施設等の入所者に対する虐待については、児童福祉法が適用されます。また障害者虐待防止法第3条では「何人も、障害者に対し、虐待をしてはならない」と規定され、広く虐待行為が禁止されています。

❸ 施設・事業所における虐待防止の責務

　人権意識や支援技術の向上など職員研修の実施、虐待防止責任者やチェックリストなどの防止ツールを利用したり、利用者やその家族からの苦情解決のための体制整備、また自立支援協議会等を通じた地域とのネットワークにより虐待の予防や早期発見、また専門機関による支援、その他の障害者虐待の防止のための措置を講じなくてはなりません。

　もし虐待が起きてしまった場合の対応としては、市町村・都道府県による事実確認への協力、虐待を受けた障害者や家族への対応、原因の分析と再発の防止、虐待した職員や役職者への処分などを行います。

❹ 虐待の判断のポイント

①虐待をしているという「自覚」は問わない。
②障害者本人の「自覚」は問わない。
③親や家族の意向が障害者本人のニーズと異なる場合がある。
④虐待の判断はチームで行う。

　障害者虐待を受けたと思われる障害者を発見した者は、速やかに通報することが義務化されました。通報したことを理由に解雇などの不利益な取り扱いをすることは、法律で禁止されています。

❺ 虐待の通報から支援まで

①事実確認および立入調査

　市町村等関係機関による訪問調査が行われ、事実確認を行います。重大な危険が生じている場合は、立入検査が行われます。

②障害者に対する一時保護や支援

　養護者による虐待の場合は、市町村等関係機関が養護者から本人を一時的に分離し、安心して生活が送ることができるようになるまで関係施設で保護、必要な支援を行います。また障害者の権利擁護のために成年後見人制度の活用や、障害者福祉サービスによる支援計画により障害者の自立を支援します。

③養護者の負担の軽減を図るための支援

　養護者が虐待する場合は、障害特性についての知識不足から適切な対応ができなかったり、介護疲れなどからくるストレス等が虐待の要因となっていることがあります。市町村等関係機関が、養護者の介護負担の軽減のための相談や、指導および助言等の支援を行います。

❻ 障害者福祉施設等で発生した虐待の通報から支援まで

①市町村障害者虐待防止センター・都道府県障害者権利擁護センターで相談や通報、届出を受けます。

②市町村と都道府県が連携して事実確認を行います。

③事実が確認された場合は、市町村と都道府県が障害者総合支援法や、社会福祉法に基づいて、虐待が発生した施設や事業所に対して、立入検査や、改善命令、勧告、認可（指定）取り消しなどの権限を適切に行使し、障害者の保護や、虐待の再発防止を図ります。

　立入検査拒否の場合は、30万円以下の罰金となります。なお、守秘義務違反の場合は、最高で1年以下の懲役、または100万円以下の罰金となります。

12　障害者差別解消法

　障害を理由とする差別の解消の推進に関する法律（障害者差別解消法）が、平成25（2013）年6月に公布され、平成28（2016）年4月より施行されました。障害者権利条約の批准に向けた国内法整備の一環と位置づけられています。

　障害者差別解消法は、障害者基本法の基本的な理念に則り、すべての障害者[注1）]が、障害者でない者と等しく、基本的人権を享有する個人としてその尊厳が重んぜられ、その尊厳にふさわしい生活を保障される権利を有することが踏まえられています。障害者基本法第4条では、次のように定められています。

　第1項　障害を理由とする差別等の権利侵害行為の禁止

　　何人も、障害者に対して、障害を理由として、差別することその他の権利利益を侵害する行為をしてはならない。

　第2項　社会的障壁の除去を怠ることによる権利侵害の防止

　　社会的障壁の除去は、それを必要としている障害者が現に存し、かつ、その実施に伴う負担が過重でないときは、それを怠ることによって前項の規定に違反することとならないよう、その実施について必要かつ合理的な配慮がされなければならない。

　第3項　国による啓発・知識の普及を図るための取り組み

　　国は第1項の規定に違反する行為の防止に関する啓発及び知識の普及を図るため、当該行為の防止を図るために必要となる情報の収集、整理及び提供を行うものとする。

　以上のことを踏まえ、これを具体的に実現するための法が障害者差別解消法です。

　具体的な措置として、国や地方公共団体、民間事業者等は次のような措置を取らなければなりません。

注1）対象となる障害者とは障害者基本法第2条第1項に定める「障害者」の定義と同じであり、身体、知的、精神（発達障害を含む）障害者、その他の心身の機能の障害がある者とされており、障害児、障害者手帳を持たない難病のある者も含まれています。

❶ 差別を解消するための措置

①「差別的取り扱いの禁止」（すべて法的義務）

　　直接差別と関連差別・間接差別を含む。

②「合理的配慮の不提供の禁止」（民間事業者等は努力義務[注2]）

　　障害者が個別に具体的な要求を行い、その要求に対して過重な負担が無い範囲で、機会平等を妨げている社会的障壁を除去すること。

❷ 差別を解消するための支援措置

①相談・紛争解決

　　相談・紛争解決のための体制を整備する。

②地域における連携

　　障害者差別解消支援地域協議会等の立ち上げと関係機関等の連携。

③啓発活動

　　普及・啓発活動の実施。

④情報収集等

　　国内外における差別および差別の解消に向けた取り組みにかかわる情報の収集、整理および提供。

　　上記①、③は国と市町村等関係機関の法的義務、④は国の法的義務[注3]となっています。

13　障害者雇用促進法

　　障害者の雇用の促進等に関する法律（障害者雇用促進法）は、障害者の雇用の促進と職業の安定を目的とし、①事業主に対し、障害者雇用率に相当する人数の障害者の雇用の義務づけ（雇用義務制度）、②障害者の雇用に伴う事業主の経済的負担の調整（納付金制度）、③公共職業安定所（ハローワーク）など地域の就労支援関係機関による障害者の職業生活における自立の支援（職業リハビリテーションの実施）が図られています。

　　また、平成28（2016）年4月から、障害者差別解消法の制定同様、障害者権利条約の批准に向けた法整備の一環として、新たに事業主に対し障害者に対する規定が設けられ、雇用の分野における労働者としての障害者に対する差別の禁止と、障害者が職場で働く際の支障を改善するための措置（合理的配慮の提供義務）が定められました。さらに障害者雇用数水増し問題を受け、令和元（2019）年6月に同法は改正され（翌年4月施行）、「もにす認定制度」や「特例給付金制度」が創設されました。

注2）民間事業者等も法的義務化（改正障害者差別解消法の公布の日（令和3（2021）年6月4日）から3年以内施行）
注3）市町村等関係機関について努力義務化（施行時期は注2）と同じ）

14 個人情報保護法

　個人情報の保護に関する法律（個人情報保護法）とは、個人のプライバシー情報を守るための法律であり、平成17（2005）年4月に施行されました。

　個人情報保護法で「個人」とは、個人情報によって識別される特定の個人をいいます。

　「個人情報」とは生存する個人に関する情報であり、情報に含まれる氏名、生年月日、その他の記述等により特定の個人を識別することができるものをいいます。

　「個人に関する情報」とは、氏名・性別・生年月日・住所・年齢・職業・続柄等の事実に関する情報に限られず、個人の身体・財産・職種・肩書き等の属性に関する判断や評価を表すすべての情報をいいます。

　「要配慮個人情報」とは、不当な差別や偏見その他の不利益が生じないようにその取扱いに特に配慮を要する個人情報で、身体障害、知的障害、精神障害（発達障害を含む）その他の個人情報保護委員会規則で定める心身の機能の障害があることなどの記述等も含まれます。

　福祉関係事業者、福祉関係事業に従事する者およびこれらの関係者（以下「福祉関係事業者等」という）が福祉サービスを提供する過程で取得する、サービス利用者等の心身の状況、その置かれている環境、他の福祉サービスまたは保健医療サービスの利用状況等の記録は、記載された内容により、一般的に特定の個人を識別することができることから、個人情報に該当します。なお、生存しない個人情報については法の対象とされていませんが、福祉サービスの利用者が死亡した後においても、福祉関係事業者が情報を保存している場合には、漏えい、滅失またはき損等の防止を図るなど適正な取り扱いが必要です。

　「個人データ」とは、個人情報データベース[注4]等を構成する個人情報をいいます。

　福祉関係事業者等は、個人情報を取得する場合は、本人にその利用目的を通知、あるいは公表しなければなりません。ただし、次の場合については適用外となります。

①本人または第三者の生命、身体、財産その他の権利利益を害するおそれがある場合
②個人情報取扱事業者の権利または正当な利益を害するおそれがある場合
③国の機関または地方公共団体が法令の定める事務を遂行することに対して協力する必要がある場合で、公表することでその事務の遂行に支障を及ぼすお

注4）個人情報を、一定の規則に従って整理することにより特定の個人情報を容易に検索することができるように体系的に構成した情報の集合物であって、目次、索引その他の検索を容易にするためのものを有するものをいいます。

それがある場合

④取得の状況からみて、利用目的が明らかであると認められる場合

❶ 取り扱いの注意事項

　福祉関係事業者等は、個人情報を取り扱う際に、次の点に注意しなければなりません。

①利用目的の特定と目的外利用の禁止

　利用目的の達成に必要な範囲を超えて、個人情報を取り扱ってはいけません。

②適正な情報取得と取得時の利用目的の通知等

　偽りやその他不正な手段によって個人情報を取得してはいけません。

③個人データ内容の正確性の確保

　利用目的の範囲内で、個人データを正確かつ最新の内容に保つように努めなければいけません。

④安全管理措置

　漏えいや滅失を防ぐため、必要かつ適切な安全管理措置を講じなければいけません。

⑤従業者等の監督

　福祉関係事業所等は従業者[注5]に対し、必要かつ適切な監督を行わなければいけません。

❷ 苦情処理

　本人からの苦情などの申し出があった場合は、適切かつ迅速な処理に努めなければなりません。そのために苦情受付窓口の設置、第三者委員会等の体制の整備に努めなければいけません。

　当事者間で解決にいたらない場合は、裁判手続きとなり、罰則が規定されています。

3 同行援護の制度

1　同行援護サービスの創設

　平成15（2003）年からの支援費制度の導入に伴い、それまでの「ガイドヘルパー派遣事業」におけるガイドヘルプ業務が、支援費の対象サービスに位置

注5）従業者とは、正社員のみならず、役員、契約社員、アルバイト、パート等も含みます。

づけられ、「居宅介護等支援」の中の「移動介護中心業務」というサービス単価が適用されたことにより、ガイドヘルプサービスが利用しやすくなりました。そして、平成17（2005）年11月の障害者自立支援法の成立により、新たなサービス体系が平成18（2006）年4月から施行（10月から全面施行）され、ホームヘルプサービス並びにガイドヘルプサービスは、「介護給付」と「地域生活支援事業」に再編されました。

「介護給付」は原則として障害程度区分の認定を受け、サービス等利用計画案やサービス利用の意向や家族の状況などを勘案して決定されるサービスで、個々の状況に応じて作成されるサービス等利用計画に基づきサービスが提供される個別給付です。一方、視覚障害者のガイドヘルプサービスは、地域の特性や障害者の状況に応じて地方自治体の判断により事業を展開する「地域生活支援事業」のうちの必須事業である「移動支援事業」として位置づけられました。

介護給付のうち、いわゆる訪問系サービスと呼ばれるものは、利用ニーズに合わせて、①居宅介護（身体介護、家事援助）、②行動援護（強度の行動障害を伴う知的障害者・精神障害者の外出時などにおける介護および援助）に加えて、③重度訪問介護（頸髄損傷者や脳性まひ者などの全身性障害者を対象に日常生活支援や外出介護などを総合的に行う）、④重度障害者等包括支援（最重度の障害者（筋萎縮性側索硬化症（ALS）等）に対し、さまざまなサービスを組み合わせて包括的に提供）の4つに細分化がはかられました。

また、地域生活支援事業の「移動支援事業」では、介護給付のサービス対象者以外の視覚障害者や知的障害者などに対するマンツーマンの支援やグループへの同時支援、突発的なニーズへの対応など、柔軟性のあるサービスが利用できることとなりました。

そして、平成22（2010）年12月の「障がい者制度改革推進本部等における検討を踏まえて障害保健福祉施策を見直すまでの間において障害者等の地域生活を支援するための関係法律の整備に関する法律」（平成22年法律第71号）の成立を受け、移動支援事業のうち重度の視覚障害者（児）にかかわる部分が、「同行援護」として自立支援給付に位置づけられ、平成23（2011）年10月1日より施行されることとなりました。

2 同行援護の概要

障害者総合支援法に基づく同行援護の目的、支給対象者、サービスの内容・対象範囲、サービスの利用時間・期間、サービス提供事業者の指定要件、報酬について解説します。

❶ 同行援護とは

　同行援護とは、「視覚障害により、移動に著しい困難を有する障害者等につき、外出時において、当該障害者等に同行して行う移動の援護、排せつ及び食事等の介護その他の当該障害者等が外出する際に必要な援助」として規定されています。

❷ 支給対象者

　法律において「視覚障害により、移動に著しい困難を有する障害者等」とされていることを踏まえ、一定の要件が設けられています。また、視覚障害の身体障害者手帳を受けた者、または同程度の障害のある児童であることが前提です。

　障害者総合支援法は、難病患者等も対象となっていることから、難病患者等のうち視覚障害により、移動に著しい困難を有する障害者等であれば、同行援護の支給対象者となります。難病患者等は、身体障害者手帳を所持していない人もおり、必ずしも身体障害者手帳を受けた者とは限りません。

　同行援護の支給決定は、最終的には市町村が行います。支給対象者は、[資料1　同行援護のアセスメント調査票]による、調査項目中「視力障害」「視野障害」および「夜盲」のいずれかが1点以上であり、かつ、「移動障害」の点数が1点以上の者で、障害支援区分の認定を必要としません。

　なお、同行援護サービス費の加算対象者については、それぞれ下記の要件を満たす必要があり①②については、障害支援区分の認定を必要とします。

①20％加算：障害支援区分3に該当する者（障害児にあってはこれに相当する支援の度合）

②40％加算：障害支援区分4以上に該当する者（障害児にあってはこれに相当する支援の度合）

③25％加算：盲ろう者（対象者であり、聴覚障害6級に相当する者。なお、盲ろう者向け通訳・介助員が支援した場合のみ算定できます。）

※　①および③または、②および③の要件を満たす者は、それぞれの加算を算定できます。

　ところで、「同行援護のアセスメント調査票」の中には、「夜盲」が記載されています。夜盲などの症状により著しく移動が困難な人は、必要に応じて医師意見書を添付して市町村に支給を申請することになります。その様式例が[資料2　同行援護対象者（夜盲等）に係る意見書]に示されています。

　視覚障害児の支給決定については、障害者と同様に、同行援護アセスメント調査票により、調査項目の「視力障害」「視野障害」「夜盲」のいずれかが「1点以上」で、かつ「移動障害」の点数が「1点以上」の視覚障害児が対象となります。障害支援区分3以上の支援の度合いに相当することが見込まれる場合、

資料1　同行援護のアセスメント調査票

	調査項目	0点	1点	2点	特記事項	備考
視力障害	視力	1　普通（日常生活に支障がない。）	2　約1m離れた視力確認表の図は見ることができるが、目の前に置いた場合は見ることができない。 3　目の前に置いた視力確認表の図は見ることができるが、遠ざかると見ることができない。	4　ほとんど見えない。 5　見えているのか判断不能である。		矯正視力による測定とする。
視野障害	視野	1　視野障害がない。 2　視野障害の1点又は2点の事項に該当しない。	3　周辺視野角度（I／四視標による。以下同じ。）の総和が左右眼それぞれ80度以下であり、かつ、両眼中心視野角度（I／二視標による。以下同じ。）が56度以下である。 4　両眼開放視認点数が70点以下であり、かつ、両眼中心視野視認点数が40点以下である。	5　周辺視野角度の総和が左右眼それぞれ80度以下であり、かつ、両眼中心視野角度が28度以下である。 6　両眼開放視認点数が70点以下であり、かつ、両眼中心視野視認点数が20点以下である。	視力障害の1点又は2点の事項に該当せず、視野に障害がある場合に評価する。	
夜盲	網膜色素変性症等による夜盲等	1　網膜色素変性症等による夜盲等がない。 2　夜盲の1点の事項に該当しない。	3　暗い場所や夜間等の移動の際、慣れた場所以外では歩行できない程度の視野、視力等の能力の低下がある。	―	視力障害又は視野障害の1点又は2点の事項に該当せず、夜盲等の症状により移動に著しく困難を来したものである場合に評価する。必要に応じて医師意見書を添付する。	人的支援なしに、視覚情報により単独歩行が可能な場合に「歩行できる」と判断する。
移動障害	視覚障害者安全つえ（又は盲導犬）の使用による単独歩行	1　慣れていない場所であっても歩行ができる。	2　慣れた場所での歩行のみできる。	3　慣れた場所であっても歩行ができない。	夜盲による移動障害の場合は、夜間や照明が不十分な場所等を想定したものとする。	人的支援なしに、視覚情報により単独歩行が可能な場合に「歩行できる」と判断する。

注1　「夜盲等」の「等」については、網膜色素変性症、錐体ジストロフィー、白子症等による「過度の羞明」等をいう。
注2　「歩行」については、「車いす操作」等の移動手段を含む。

（視力確認表：A4版）

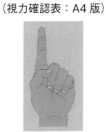

様式例

氏名	年　　　月　　　日生（　　　　歳）

障害名及び原因となった疾病・外傷名

身体障害者手帳の有無　　　　有　　　　　無

障害程度等級　　　　視力：　　　　　級

　　　　　　　　　　視野：　　　　　級

障害の状況（夜盲等の有無について、どちらかに○をつけてください。）

　　※「夜盲等」の「等」は、網膜色素変性症、錐体ジストロフィー、白子症等による「過度の羞明」
　　　等が想定される。

・移動に困難をきたす程度の夜盲等が認められる

　　夜盲等の原因となる疾病等

　　[　　　　　　　　　　　　　　　　　　　　　　　　　　　　]

・移動に困難をきたす程度の夜盲等が認められない

備考

上記の通り意見する

　　　　　　　　年　　　　月　　　　日

　　　　　　　　　病院又は診療所
　　　　　　　　　の名称、所在地

　　　　　　　　　診療担当科名

　　　　　　　　　作成医師氏名　　　　　　　　　　　　　　印

第2章　同行援護の制度と従業者の業務

資料3　障害児の調査項目（5領域11項目）

項　　目		区　分	判断基準
①	食事	・全介助	全面的に介助を要する。
		・一部介助	おかずを刻んでもらうなど一部介助を要する。
		・介助なし	
②	排せつ	・全介助	全面的に介助を要する。
		・一部介助	便器に座らせてもらうなど一部介助を要する。
		・介助なし	
③	入浴	・全介助	全面的に介助を要する。
		・一部介助	身体を洗ってもらうなど一部介助を要する。
		・介助なし	
④	移動	・全介助	全面的に介助を要する。
		・一部介助	手を貸してもらうなど一部介助を要する。
		・介助なし	
⑤	行動障害および精神症状 (1)強いこだわり、多動、パニック等の不安定な行動や、危険の認識に欠ける行動。	・ほぼ毎日（週5日以上の）支援や配慮等が必要	調査日前の1週間に週5日以上現れている場合又は調査日前の1か月間に5日以上現れている週が2週以上ある場合。
	(2)睡眠障害や食事・排せつに係る不適応行動（多飲水や過飲水を含む。）。		
	(3)自分を叩いたり傷つけたり他人を叩いたり蹴ったり、器物を壊したりする行為。	・週に1回以上の支援や配慮等が必要	調査日前の1か月間に毎週1回以上現れている場合又は調査日前の1か月間に2回以上現れている週が2週以上ある場合。
	(4)気分が憂鬱で悲観的になったり、時には思考力が低下する。		
	(5)再三の手洗いや繰り返しの確認のため日常動作に時間がかかる。		
	(6)他者と交流することの不安や緊張、感覚の過敏さ等のため外出や集団参加ができない。また、自室に閉じこもって何もしないでいる。		
	(7)学習障害のため、読み書きが困難。		

※通常の発達において必要とされる介助等は除く。

　　　　　[資料3　障害児の調査項目（5領域11項目）]に示した調査を行い、上記①②の加
　　　算の可否を、市町村が判断します。
　　　　利用の手続きの流れについては本章「4同行援護制度の利用」（42頁）を参
　　　照してください。

❸ サービスの内容・対象範囲・利用期間

障害者総合支援法において「同行援護」とは、「視覚障害により、移動に著しい困難を有する障害者等につき、外出時において、当該障害者等に同行し、移動に必要な情報を提供するとともに、移動の援護その他の厚生労働省令で定める便宜を供与することをいう」（第5条第4項）とされており、基本的には移動支援の類型として設定されています。同行援護のサービスの内容は、次の3つになります。

- ●移動時およびそれに伴う外出先において必要な視覚的情報の提供（代筆・代読を含む）
- ●移動時およびそれに伴う外出先において必要な移動の援護
- ●排泄・食事等の介護その他外出する際に必要となる援助

また、同行援護は個別給付のため、原則として個別的支援が必要な場合のマンツーマンでの支援であり、外出時における以下の支援を対象としていますが、一定要件のもとでは、居宅介護や行動援護と同様に、2人の同行援護従業者による介護も可能となっています。

なお、障害福祉サービスにかかわる他の外出支援と同様に、①通勤、営業活動などの経済活動にかかわる外出、②通年かつ長期にわたる外出、③社会通念上適当でない外出については、支給の対象範囲から外されています。

同行援護は、外出時の支援のみが対象となっています。したがって、居宅内における家事や介護などの支援を必要とする場合は、別に居宅介護のサービスを利用することになります。

なお、サービスの利用にあたっては、月に支給決定時間を超えない範囲であれば、1日を超えることも認められています。

❹ サービス提供事業者の指定要件

同行援護を提供する事業者が都道府県知事から指定を受けるためには、次の指定基準を満たす必要があります。

①人員に関する基準

職員については、事業所ごとに

- ●管理者——1人以上：常勤で、かつ、原則として管理業務に従事する者
- ●サービス提供責任者——事業規模に応じて1人以上：管理者の兼務および常勤換算も可
- ●従業者——常勤換算で2.5人以上：介護福祉士、同行援護従業者養成研修一般課程［資料4　同行援護従業者養成研修カリキュラム］などの修了者

の配置が規定されています［資料5　従業者等の資格要件］。ただし、管理者、サービス提供責任者および従業者は、他の訪問系サービスなどとの兼任も可能とされています。

資料4 同行援護従業者養成研修カリキュラム

【一般課程】

区　分	科　目	時間数	備　考
講義	視覚障害者（児）福祉サービス	1	
	同行援護の制度と従業者の業務	2	
	障害・疾病の理解①	2	
	障害者（児）の心理①	1	
	情報支援と情報提供	2	
	代筆・代読の基礎知識	2	
	同行援護の基礎知識	2	
演習	基本技能	4	
	応用技能	4	
合　計		20	

【応用課程】

区　分	科　目	時間数	備　考
講義	障害・疾病の理解②	1	
	障害者（児）の心理②	1	
演習	場面別基本技能	3	
	場面別応用技能	3	
	交通機関の利用	4	
合　計		12	

注：この表に定める研修の課程は、一般課程に定める内容以上の研修の課程を修了した者を対象として行われるものとする。

資料5 従業者等の資格要件

従業者資格要件（ア、イ、ウのいずれかに該当する者）
ア　同行援護従業者養成研修（一般課程）を修了した者（相当する研修課程修了者を含む）
　※　令和5年度末までの経過措置として、盲ろう者向け・通訳介助員については上記研修を修了したものとみなされます。
イ　居宅介護従業者の資格要件を満たす者であって、視覚障害者等の福祉に関する事業（直接処遇職員に限る）に1年以上従事した経験を有する者
ウ　厚生労働省組織規則（平成13年厚生労働省令第1号）第625条に規定する国立障害者リハビリテーションセンター学院視覚障害学科の教科を履修した者又はこれに準ずる者

サービス提供責任者資格要件（アおよびイのいずれにも該当する者又はウに該当する者）
ア　居宅介護のサービス提供責任者の資格要件を満たす者（介護福祉士、実務者研修修了者、介護職員基礎研修修了者、居宅介護従業者養成研修1級課程修了者、居宅介護職員初任者研修（2級課程）修了者で3年以上介護等の業務に従事した者）
イ　同行援護従業者養成研修応用課程を修了した者（相当する研修課程修了者を含む）
ウ　厚生労働省組織規則（平成13年厚生労働省令第1号）第625条に規定する国立障害者リハビリテーションセンター学院視覚障害学科の教科を履修した者又はこれに準ずる者

②設備に関する基準

　事業所には、事務室、受付などのスペース、必要な設備および備品などを設置することとされています。

❺ 報　酬

　サービスを提供した場合の報酬の概要は、以下のとおりです。報酬については、指定同行援護などを行った場合に、実際に要した時間ではなく、同行援護計画に位置づけられた内容の指定同行援護などを行うのに要する標準的な時間で、所定単位数が算定されることとなっています（図2-1）。

図2-1　同行援護サービス費

基本部分	注 基礎研修課程終了者等により行われる場合	注 盲ろう者向け通訳・介助員により行われる場合	注 2人の同行援護従業者による場合	注 夜間もしくは早朝の場合又は深夜の場合	注 盲ろう者に対して盲ろう者向け通訳・介助員が支援を行う場合	注 障害支援区分3に該当する者の場合	注 障害支援区分4以上に該当する者の場合	注 身体拘束廃止未実施減算	注 特定事業所加算	注 特別地域加算	注 緊急時対応加算（月2回を限度）	注 喀痰吸引等支援体制加算
イ 30分未満 （190単位）												
ロ 30分以上1時間未満 （300単位）												
ハ 1時間以上1時間30分未満 （433単位）		×90/100	×200/100	夜間もしくは早朝の場合 +25/100 深夜の場合 +50/100	+25/100	+20/100	+40/100	1人1日につき5単位を減算 注 令和5年4月から適用	特定事業所加算（I）+20/100 特定事業所加算（II）+10/100 特定事業所加算（III）+10/100 特定事業所加算（IV）+5/100	+15/100	1回につき100単位を加算 注 地域生活支援拠点等の場合 +50単位	1人1日当たり100単位を加算
ニ 1時間30分以上2時間未満 （498単位）												
ホ 2時間以上2時間30分未満 （563単位）												
ヘ 2時間30分以上3時間未満 （628単位）												
ト 3時間以上 （693単位に30分を増すごとに65単位）												

※ 令和3年9月30日までの間は、基本報酬について、所定単位数の1,001/1,000に相当する単位数を算定する。

初回加算　（1月につき200単位を加算）

利用者負担上限額管理加算（月1回を限度）　（1月につき150単位を加算）

福祉・介護職員処遇改善加算
- イ 福祉・介護職員処遇改善加算（I）（1月につき＋所定単位×274/1,000）
- ロ 福祉・介護職員処遇改善加算（II）（1月につき＋所定単位×200/1,000）
- ハ 福祉・介護職員処遇改善加算（III）（1月につき＋所定単位×111/1,000）
- ニ 福祉・介護職員処遇改善加算（IV）（1月につき＋ハの90/100）
- ホ 福祉・介護職員処遇改善加算（V）（1月につき＋ハの80/100）

注1　所定単位は、基本報酬及び各加算の合計（福祉・介護職員処遇改善加算、福祉・介護職員処遇改善特別加算、福祉・介護職員等特定処遇改善加算を除く）を算定した単位数の合計
注2　福祉・介護職員処遇改善特別加算との併給不可
注3　二、ホについて、令和2年度から継続して算定する場合のみ令和4年3月サービス提供分まで算定が可能

福祉・介護職員等特定処遇改善加算
- イ 福祉・介護職員等特定処遇改善加算（I）（1月につき＋所定単位×41/1,000）

注1　所定単位は、基本報酬及び各加算の合計（福祉・介護職員処遇改善加算、福祉・介護職員処遇改善特別加算、福祉・介護職員等特定処遇改善加算を除く）を算定した単位数の合計
注2　福祉・介護職員処遇改善加算との併給不可
注3　令和2年度から継続して算定する場合のみ令和4年3月サービス提供分まで算定が可能

福祉・介護職員等特定処遇改善加算
- イ 福祉・介護職員等特定処遇改善加算（I）（1月につき＋所定単位×70/1,000）
- ロ 福祉・介護職員等特定処遇改善加算（II）（1月につき＋所定単位×55/1,000）

注　所定単位は、基本報酬及び各加算（福祉・介護職員処遇改善加算、福祉・介護職員処遇改善特別加算、福祉・介護職員等特定処遇改善加算を除く）を算定した単位数の合計

- 同時に 2 人の同行援護従業者がサービス提供を行った場合には、それぞれに算定します。
- 盲ろう者（同行援護の対象要件を満たし、かつ聴覚障害 6 級に該当する者）に対して盲ろう者向け通訳・介助員が支援した場合は 25％の加算が行われます。また、障害支援区分が区分 3（障害児にあってはこれに相当する程度）に該当する者を支援した場合には 20％、区分 4 以上（障害児にあってはこれに相当する程度）に該当する者を支援した場合には 40％の加算が行われます。
- 日中時間以外に支援を行った場合には、午後 10 時から午前 6 時まで 50％の深夜加算が行われるとともに、午後 6 時から午後 10 時まで及び午前 6 時から午前 8 時まで 25％の夜間・早朝加算が行われます。

　同行援護サービス費における、主な加算・減算の算定要件等については以下のとおりです。

- 特定事業所加算

　良質な人材の確保とサービスの質の向上を図る観点から、サービス提供体制の整備等の措置を行っている場合

- 特別地域加算

　中山間地域等に居住している者に対してサービスの提供が行われた場合

- 緊急時対応加算

　同行援護計画に位置づけられていない同行援護を、利用者等の要請を受けてから 24 時間以内に行った場合

- 身体拘束廃止未実施減算（令和 5（2023）年 4 月から適用）

　身体拘束等の適正化を図る措置を講じていない場合

- 初回加算

　新規に同行援護等計画を作成した利用者に対して、サービス提供責任者自身がサービスを提供した場合や、他の同行援護従業者がサービスを提供した際にサービス提供責任者が同行した場合

- 利用者負担上限額管理加算

　事業所が利用者負担額合計額の管理を行った場合

- 喀痰吸引等支援体制加算

　特定事業所加算 I を算定していない事業所において、介護職員等が痰の吸引等を実施した場合

- 福祉・介護職員処遇改善加算および福祉・介護職員等特定処遇改善加算

　福祉・介護職員等の賃金改善等について、一定の基準に適合する取組みを実施している場合

❻ 令和3（2021）年度障害福祉サービス等の運営基準改正の主な内容

令和3（2021）年4月より、障害福祉サービス等の運営基準の改正が行われました。同行援護事業者を対象としたものについて主な内容は以下のとおりです。

①虐待防止対策の強化について

利用者の虐待防止等のための責任者および委員会を設置するとともに、従業者に対する研修を実施する等の措置を講じなければならないものとされました（1年間の経過措置あり）。

②身体拘束等の禁止

サービスの提供に当たっては、緊急やむを得ない場合を除き、身体拘束等を行ってはならないものとされ、やむを得ず身体拘束等を行う場合は、その態様等を記録しなければならないものとされました。また、身体拘束等の適正化のため、その対策を検討する委員会の開催や、指針の整備、研修の実施等の措置を講じなければならないものとされました（1年間の経過措置あり）。

③感染症および食中毒の発生・まん延防止

感染症および食中毒の発生およびまん延の予防等に関する取組みの徹底を求める観点から、委員会の開催、指針の整備、研修の実施等に加え、訓練（シミュレーション）の実施が義務づけられました（3年間の経過措置あり）。

④事業継続計画

感染症や災害が発生した場合であっても、必要なサービスが継続的に提供できる体制を構築する観点から、業務継続に向けた計画等の策定、研修の実施、訓練（シミュレーション）の実施等が義務づけられました。

4 同行援護制度の利用

1 利用手続きの流れ

　　同行援護サービスを利用する際には、**図2-2**のような手続きの流れとなります。

　　前節に示した「同行援護のアセスメント調査票」に基づき、利用対象となるかを判定のうえ、視覚障害者の状況を調査したうえで、障害支援区分3以上の加算の算定が必要な場合は障害支援区分の判定プロセスを取り入れながら、最終的に市町村による支給決定となります。

　　同行援護の支給決定を受けようとする場合、指定特定相談支援事業者の計画作成担当者が作成するサービス等利用計画案を、市町村に提出する必要があります。市町村は、このサービス等利用計画案、障害者の心身の状況、その置かれている環境、障害福祉サービスの利用意向等を踏まえて、支給決定を行います。市町村の支給決定の後に、同行援護事業者は、指定特定相談支援事業者の計画作成担当者が開催するサービス担当者会議に出席し、サービス等利用計画を確定する作業を行います。同行援護事業者は、この確定したサービス等利用計画に沿って、同行援護計画書を作成し、利用の同意を得ることになります。さらに、同行援護事業者は、サービス等利用計画に記載されたモニタリング時期に従って、同行援護のモニタリングを行い、指定特定相談支援事業者とサービス等利用計画の見直しが必要か否か等を話し合います。

　　なお、利用者は、サービス等利用計画案に相当するセルフプランを市町村に提出することもできます。

図 2-2　同行援護の利用手続きの流れ（視覚障害者）

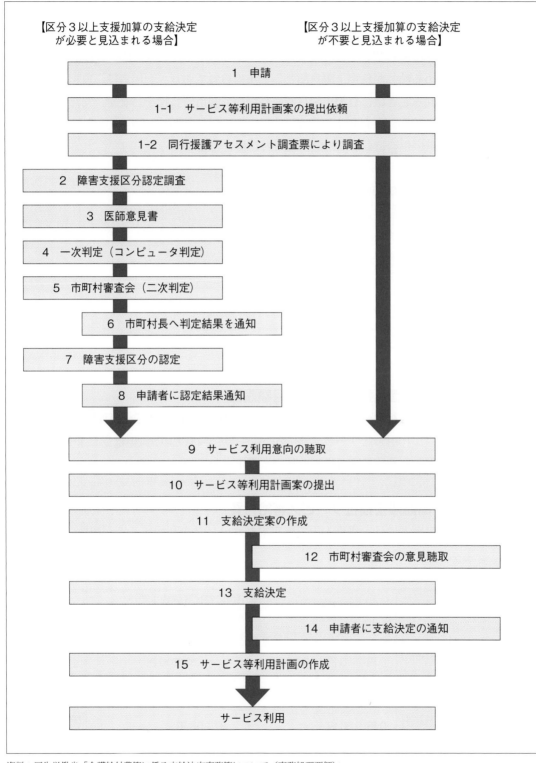

資料：厚生労働省「介護給付費等に係る支給決定事務等について（事務処理要領）」

2 利用者負担

　同行援護にかかる利用者負担は、原則として応能負担となっています。図2-3に示しているように、「家計の負担能力その他の事情をしん酌して政令で定める額」が負担上限月額として決められており、利用者は、負担上限月額を上回るときは、負担上限月額に基づいて利用者負担をします。ただし、利用者の負担額が、負担上限月額よりもサービスに要する費用の1割相当額のほうが低い場合は、1割の額を利用者負担とします。

図2-3　利用者負担の考え方

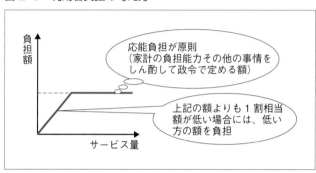

❶ 利用者負担の負担上限月額設定

　障害福祉サービスの利用者負担は、所得に応じ負担上限月額が設定され、1か月に利用したサービス量にかかわらず、それ以上の負担は生じません。また、所得を判断する際の世帯の範囲も設定されています（表2-1）。

❷ 高額障害福祉サービス等給付費

　障害者には、世帯の中で障害福祉サービスを利用する者が複数いる場合や、

表2-1　利用者負担の負担上限月額一覧

区分	生活保護世帯	市町村民税非課税世帯	一般（市町村民税課税世帯）				世帯の範囲	
			市町村民税所得割				障害者	障害児
			16万円未満	28万円未満	46万円未満	46万円超		
障害福祉サービス（居宅・通所）[障害者]	0円	0円	9,300円	37,200円			本人及び配偶者＊	住民基本台帳の世帯＊
障害福祉サービス（居宅・通所）[障害児]	0円	0円	4,600円		37,200円			
障害福祉サービス（入所施設等）[障害者（20歳以上）]	0円	0円	37,200円					
障害福祉サービス（入所施設等）[障害者（20歳未満）・障害児]	0円	0円	9,300円		37,200円			
補装具	0円	0円	37,200円			全額自己負担		

＊施設に入所する20歳未満の障害者又は障害児については、当該障害者又は障害児を監護する者（保護者等）の属する世帯とする

障害福祉サービスを利用する視覚障害者が介護保険のサービスを併せて利用した場合で、障害福祉サービスの負担額の合算額が基準額を超えるときは、負担上限月額は変わらず、これを超えた額が高額障害福祉サービス等給付費として支給されます（償還払いの方法によります）。

障害児には、障害者総合支援法と児童福祉法のサービスを併せて利用している場合は、利用者負担額の合算が、いずれかの制度のうち最も高い額を超えた部分について高額障害福祉サービス等給付費等が支給されます（償還払いの方法によります）。

平成24（2012）年4月からは補装具費についても合算され、超過分については高額障害福祉サービス等給付費等の対象となります（図2-4）。

また、平成30（2018）年4月より、65歳に達するまで長期間障害福祉サー

図2-4 高額障害福祉サービス等給付費等の仕組み

基本的な仕組み

○高額障害福祉サービス等給付費、高額障害児通所給付費及び高額障害児入所給付費（以下「高額費」と総称する。）の利用者負担世帯合算額の合算対象に補装具に係る利用者負担を新たに加える。
○高額費算定基準額は、従来と同様、市町村民税課税世帯は37,200円、それ以外は0円とする。

具体例

○前提
　父親A、母親B（障害者）、息子C（障害児）の3人家族で、Cが障害児通所支援を利用（Aが通所給付決定保護者）し、Bが障害福祉サービス及び補装具を利用（Bが支給決定障害者等及び補装具費支給対象障害者等）する場合であって、世帯の高額費算定基準額Xが37,200円である場合

○合算の仕組み
　高額費は、利用者負担世帯合算額と高額費算定基準額の差額を支給対象とする。

改正後の利用者負担世帯合算額 Y　80,000円（①+②+③）

①障害児通所支援に係る利用者負担　30,000円	②障害福祉サービスに係る利用者負担　20,000円	③補装具に係る利用者負担　30,000円

改正前の利用者負担世帯合算額 Z　50,000円（①+②）

→この事例における改正後の高額費支給対象額は42,800円（Y－X）　（改正前は12,800円（Z－X））

○支給額
　A又はBに対する支給額は、高額費支給対象額を通所給付決定保護者按分率、支給決定障害者等按分率（A、Bに係る利用者負担を利用者負担世帯合算額でそれぞれ除して得た率）で按分した額とする。
　Aに支給される高額障害児通所給付費　　　　42,800円 ×　①　／ Y＝16,050円
　Bに支給される高額障害福祉サービス等給付費　42,800円 ×（②+③）／ Y＝26,750円

※一人の障害児の保護者が障害福祉サービス、障害児通所支援又は指定入所支援のうちいずれか2つ以上のサービスを利用する場合、その負担上限月額は利用するサービスの負担上限月額のうち最も高い額とする特例を設ける。

資料：厚生労働省

ビスを利用してきた低所得の高齢者が引き続き障害福祉サービスに相当する介護保険サービスを利用する場合に、障害者の所得の状況等の事情により、当該介護保険サービスの利用者負担を障害福祉制度により軽減（償還）できる仕組み（新高額障害福祉サービス等給付費）が創設されました。

❸ 生活保護への移行防止措置

以上の負担軽減策を講じても、利用者負担や食費などを負担することにより、生活保護の対象となる場合には、生活保護の対象とならない額まで利用者負担の月額上限額が引き下げられます。

5 同行援護従業者の業務

同行援護従業者は、視覚障害者の自立と社会参加を促進するために、日常生活に必要な外出の支援を行います。病院や市町村などの公的機関に行くときのように外出が不可欠な場合だけではなく、余暇活動や社会活動参加に必要な場合もあり、障害者が積極的に社会参加をするために必要なサービスです。

同行援護従業者が同行援護のサービスを希望する人に同行してサービスを提供するには、視覚障害者と待ち合わせをする必要があります。通常、多くは視覚障害者の自宅が開始・終了場所となりますが、屋外での同行援護の開始・終了もあります。その場合には場所の確認などが必要となります。待ち合わせ場所で会ったら、まずあいさつとともに視覚障害者の健康の確認をします。顔の表情、発汗など、声をかけながら体調を確認します。自宅で待ち合わせた場合は、家族などから状態をうかがうこともあります。

健康チェックや外出の内容などの確認が終わったら、安全に移動できるよう心がけながら支援を行います。また、移動支援中にはさまざまな情報提供を行います。移動中の周囲の風景やお店などの情報を伝えることは、視覚障害者のイメージを膨らませるのに役立ちます。

1 目的別対応

外出から帰宅するまでには、さまざまなことが起こります。移動時の情報提供支援は同行援護従業者のもっとも重要な業務ですが、視覚障害者ごとの障害特性やその場での必要性に応じて支援を行う必要があります。

❶ 外出先での代読・代筆などのコミュニケーション支援

①代読

　本人の代わりに読むことをいい、朗読とは異なります。チラシから会議資料まで幅広い内容の資料があります。依頼内容により、読むために必要な機器や辞書を持参する場合もあります。また同行援護従業者が読み間違えた場合、視覚障害者が意味を取り違う場合もありますので、聞き取りやすい発声と読み方を心がけ、読む順番や図や写真なども視覚障害者に確認しながら読みます。

②代筆

　本人の代わりに書くことをいい、同行援護従業者が自分の意思をもって行わないようにします。専門的な書類に関しては、行政書士、公証人役場、後見人などとの連携をはかる必要があります。また筆記用具などは、TPO（時、場所、場合）に合わせた準備が必要です。なお、当然のことですが、誤読や誤字に注意して丁寧に書きましょう。

③視覚障害者が読む・書く

　視覚障害者であっても、読む・書くことができる場合があります。その際には、読みやすい明るさや位置が適切か、書類の大きさはどうか、どこからどこまでに書くのか、サインガイド等を利用してはどうかなどと提案し、読みやすい、書きやすい環境を整えることが大切です。

❷ 買い物などの支援

　目的の購入物がある場合やウィンドウショッピングなど、目的はさまざまです。同行援護従業者の主観などを入れずに、商品の材質などの説明や価格など商品の選択のための情報提供を行います。また、商品の説明など不明な点は店員などに引き合わせ、独断で行うことのないようにしましょう。購入に伴う金銭の扱いは視覚障害者が行います。依頼された場合は、必ず金種の確認を行い、視覚障害者に誤解を与えない態度が必要です。

❸ 通院時の支援

　通院は個人情報が多く、さらに移動に関して困難があります。待合室での他の患者との接触や、診察室における医師等とのやりとり、さらには検査等による移動や医療機器類への対応は、慣れている病院でも緊張します。視覚障害者が同行を希望すれば、同行援護従業者として支援が必要です。その際に医師等に身分を明らかにし、個人情報などのプライバシーには注意します。視覚障害者が同意すれば、同席することは可能です。

❹ 天候に対応するための支援

　遠方に出かける際には天候にも十分注意する必要があります。突然の大雨や

風などで公共交通機関が停止してしまったり、予定の変更が余儀なくされたりするなどの場合があります。したがって、天気予報などにも注意し、警報が出た場合などは視覚障害者と話し合い、速やかに同行援護を中止して帰宅するなどの判断が大切です。事業所等の運営規定および防災計画等に従いましょう。

❺ 体調変化に伴う支援

長時間の移動や食後などには、視覚障害者に変化が現れやすくなります。言葉をかけるなどして体調の変化に早めに気づくことが大切です。事前に、既往症や発作などの情報がある視覚障害者の場合は、予測しておき、症状が出始めたらあわてず速やかに対応します。突然変化が現れた場合も、あわてずにふらつきや転倒を防ぎます。さらに周囲への声かけも行い、助けを求めましょう。

❻ 食事の支援

アレルギーのある人や塩分・糖分などのコントロールが必要な人には、確実な情報提供が必要です。最近はカロリーを表示したり、アレルギーの出やすい食材を使用している場合、メニューに記載している店舗もあります。また、嚥下障害などがある場合には、固めの食材を細かく切る、すりつぶすなどの支援が必要です。

❼ 服薬の支援

飲まなければいけない薬を持参しているときは、その服薬管理を行います。特に外出先では、服薬時間になっても服薬に適切な場所でない場合がありますので、事前に視覚障害者と服薬時間と場所について打ち合わせるとよいでしょう。

❽ トイレなど排せつの支援

トイレを利用する際には、視覚障害者との性別の違いがある場合は特に、トイレの場所を早めに情報提供します。また、一般の人に支援をお願いする場合もありますが、必ず視覚障害者と事前に打ち合わせておきましょう。また、車いす用トイレなどが利用しにくい人もいますので、どちらを利用するかも事前に決めておきます。また、オストメイトの人には専用の洗浄シャワーがついたトイレもありますので、紹介します。

2　サービス提供の流れ

❶ 派遣の指示

視覚障害者が事業所と重要事項説明書に基づいて契約を行います。そのとき

サービス提供責任者は、白杖の所持についてや既往症などの留意点とかかりつけ医等の通院先、緊急連絡先を同行援護従業者に伝えてもよいかの確認をしておきます。また、未成年者の場合には、必ず保護者にそれらの確認をします。そして、事業所から従業者に派遣の指示をします。

①事業所は、視覚障害者からの申し込みに応じて個別支援計画書を作成し、同行援護従業者に依頼をします。

　　同行援護従業者はいつ（月日・時間）、どこで（活動開始時間・待ち合わせ場所・目的地・活動終了時間）、誰に（視覚障害者の氏名・性別・年齢・個性・習慣など）、何をする（外出の目的）、費用負担、そのために必要なもの（持ち物・準備など）などの依頼内容を確認します。

②従業者は依頼内容が支援可能であれば、承諾します。

　　視覚障害者への同行援護はこの承諾の時点から始まります。依頼を承諾したら、責任をもって支援しましょう。

③支援をする視覚障害者に事業者が作成した個別支援計画書の確認と署名をしてもらいます。また、初対面の視覚障害者に対しては、相手の状況把握や適切な支援を行うために、サービス提供責任者が同行することがあります。

❷ 同行援護の実施

同行援護の個別支援計画書に沿って、支援を行います。

①活動開始

５分前には待ち合わせ場所に到着しましょう。少しでも遅れると視覚障害者は不安になります。

②視覚障害者とのあいさつ後

初対面の場合は必ず支援方法（肘・肩・腕組みなど）の確認をしましょう。ただし最初に決めたことに固執しないで、視覚障害者の体調や手荷物などに配慮して支援方法はそのつど確認し、歩速なども状況に合わせましょう。

●目的地の確認

当日変更する場合もありますが、あわてず対応し、経路などを確認し合いましょう。

●移動手段の確認（公共交通機関、徒歩、タクシーなど）

公共交通機関では身体障害者手帳による割引制度があります。切符や入場券の購入で、手帳を預かる場合などもありますが、そのつど確実に返却します。

●支援内容の確認

金銭についての扱いや、金融機関、病院、公共施設、目的地での同行援護従業者としてのかかわりを、視覚障害者と確認しておく必要があります。特に病院内の診察室への移動は、基本的には病院のスタッフが対応することになります。ただし、やむを得ない場合は、市町村の判断で院内介助を認めることも可

能です。金融機関においては職員に誘導してもらうよう促します。

●食事についての確認

　店舗・メニューなど情報提供があって初めて、視覚障害者は食事を選択できます。特にアレルギーなどがある場合には十分注意しましょう。また、体調によってもアレルギーなどが現れる場合があります。

●同行援護開始直後は元気でも、時間が経つことで体調や気分に変化が現れます。そのつど、表情や歩行の変化に気を配りましょう。

③活動中に事故やけが、いつもと違う行動があった場合

　まず視覚障害者の安全を確保するとともに、速やかに事業所に連絡し、指示に従いましょう。

●活動開始場所で待っているが、視覚障害者と会えない場合

　事業所または視覚障害者（家族など）に連絡し、具体的な情報を得ましょう。

●事故・けが・てんかんの発作・既往症の急激な悪化などの場合

　発作（てんかんや低血糖など）などはあわてずに対応しましょう。まず声かけを行い、意識レベルの確認をします。返答がない場合は速やかに119番通報で救急車を要請し、状況を説明のうえ事業所へも連絡します。事故などは110番通報し、警察官の指示に従って状況を説明したうえで、事業所へも連絡します。

●視覚障害者が第三者に迷惑をかけてしまった場合

　通常は事業所において各種保険に加入していますので、あわてず状況を事業所へ報告して対応します（各種保険の確認要）。

❸ 実績記録票

　活動終了時に、実績記録票に日付、曜日、活動開始・終了時間、活動内容を記入し、視覚障害者から確認印をもらいます。記入にあたっては、読み上げを行い確認するようにします。また、印鑑を預かった場合は、確実に返却しましょう。また、返却後に入れた場所も見届けておくと安心です。押印原則廃止の方針を受け、自治体ごとにその取り扱いが示されています。

❹ 活動報告書

　その日の活動が終了したら、事業所に終了の報告をします。活動中に気がついたことや伝えたいこと、代筆や代読の記録などを報告書に記載するとともに、事業所のサービス提供責任者に報告します。

3　事前の確認

❶ 視覚障害者についての確認

　確実に視覚障害者の特性を理解し、当日に臨みます。不安なことやわからないことは調べたりして、不明な点は事業所に確認しておきます。

①氏名・性別・住所・電話番号・連絡先など（名前の読み方などは間違えないようにしましょう）。

②支援内容（待ち合わせ、終了場所や時間と目的地など）、特に到着時間などが決められているなど制限がある場合は、確実に履行しなければなりません。

③利用交通機関は、視覚障害者が知っている場合と知らない場合で異なります。知っている場合はその経路を遵守し、知らない場合は事前に調べるなどして情報提供します。

④特記事項（体格や既往症、健康状態の申し送り、緊急連絡事項など）に関しては、いつでも対応できるように準備する必要があります。

❷ 支援をするうえでの留意事項の確認

　さまざまな状況に遭遇した場合でも、落ち着いて支援を行うための確認です。

①既往歴の確認

②水分や塩分の摂取の制限、またアレルギーの確認

③薬の有無、服薬時間などの確認

4　声かけやあいさつ

　視覚障害者と出会ったときには、正面から相手の顔を見て、やさしくはっきりと微笑を浮かべながらあいさつするとともに、健康状態を確認します。あいさつは出会ったときの合図であると同時に、相手に信頼される第一歩のため、業務に従事するときの重要な要素であることを意識し、同行援護従業者の第一印象も、あいさつで決まるということを自覚しましょう。知っている人であっても、まず自分の名前を名乗りましょう。業務と私的なことを分けて接することを意識してください。

5　実務上の基本的確認事項

　実務上の基本的な情報についても確認しておきましょう。

①開始・終了の確認（場所・時間・実務時間）

②観察（顔の表情や全体の状態・衣服の身だしなみ・どのような服を着ているか・洋服にシミや汚れがないか・靴下の左右の色は同じか・靴の色や形（冠

婚葬祭時には特に配慮が必要です）など）

6　視覚障害者への対応

　　視覚障害者からの要望や訴えを聞くときに大切なことは、発言の趣旨を正しく理解し、誠意をもって丁寧に聞くことです。その場で対応できることは行い、判断の難しい内容については事業所に相談、あるいは報告しておきます。また視覚障害者の生活習慣などをあらかじめ理解し、適切な対応をできるようにしておきましょう。

7　記録やメモを残す

　　業務終了後は記録として残すようにします。特記すべきことは必ず具体的に記入しましょう。体調の変化や、生活上特に注意を要する事項、代筆や代読を行った書類名などを記録するとともに、仲間にも情報の共有をはかるよう心がけてください。さらに支援の内容を振り返り、問題を整理し、事例検討をして、次のサービスにつなげることを心がけるようにしましょう。

8　各種書類の提出

　　1か月の活動が終わったら、「実績記録票」や「個別支援計画書」などの必要書類を事業所に提出します。書類の管理の際には、個人情報保護に留意しましょう。

9　自分の業務に対する反省

　　業務終了後は毎回、同行援護従業者としての態度を振り返りましょう。今日の支援技術について適切であったかを振り返り、常に向上をはかることが大切です。特に、自分の態度について振り返ることを日常的に行うようにしましょう。支援技術については常に向上をはかる努力ができたか、視覚障害者の声に絶えず耳を傾け、訴えを正しく受け止めることができたかなどを振り返り、次回に活かしていきましょう。

6　リスクマネジメント（緊急時対応）

　　同行援護は屋外での業務のため、常にリスクマネジメントを想定して行動す

る必要があります。ヒヤリハット事例では家庭内における事故が中心ですが、同行援護では常に想定外のことが起こる可能性が考えられます。しかし、どんな場合でも冷静に行動することが望まれます。また、事業所で緊急時対応マニュアルなどの作成も必要です。同行援護従業者においては最低限知り得る情報を基に利用計画を立て、十分な準備をすることが危険回避につながります。

1　事前の確認

　　既往歴は契約の際に事業所と視覚障害者とで確認します。その際に、同行援護従業者で対応できる場合とできない場合も併せて確認しておきます。特に発作や服薬の管理は大切です。また当日の行き先や経路なども事前に把握し、通院先等の緊急連絡先なども確認しておきましょう。

❶ 既往症への対応の確認

①糖尿病の場合

　　低血糖発作や高血糖発作など個人によって差があります。大切なこととして本人に発作の自覚があるかないかが重要です。低血糖の症状は、顔面蒼白、空腹感や動悸、冷や汗などであり、これらが現れた場合は、糖分の入ったジュースなどを飲用して安静にすれば改善できます。またインシュリンの自己注射を行う場合は、ニーズに応じて時間や単位の管理などの間違いがないかを確認します。

　　高血糖の症状は口の渇きや多量の水分補給、その後の頻尿などですが、悪化すれば昏睡に陥る場合もあります。また脳梗塞や心筋梗塞などを起こしやすくなりますので、速やかに帰宅、あるいは受診します。

②狭心症などの場合

　　水分や塩分の摂取制限がある場合もありますので、事前に確認するとともに、食事内容の適切な説明が必要です。

③服薬の管理が必要な場合

　　薬の所持の確認はもちろん、食前や食間などの服薬時間、カプセル・粉末などの形状の確認などを確実に行います。

❷ 利用内容の確認

　　視覚障害者自身の情報とともに、開始・終了の場所、行き先や目的を把握します。特に個人宅などへの訪問は遅れたり間違ったりしないよう、確実に把握しておきます。さらに交通機関などの確認もしておきましょう。

2 支援中の確認

　長時間になると視覚障害者も身体の変化が起きる可能性があります。既往症がなくても突発的に体調の変化が出てくることもありますので、顔の表情や全体の状態、健康状態は常に確認しながら支援します。意識がもうろうとする場合や自覚のある低血糖発作などに対しては、速やかに安全な場所へ移動し対応します。事業所へは連絡できるときに第一報を報告します。

　事故やけがに対しては最低限の処置をして医療従事者に説明します。例えば転んで擦り傷ができる、車のドアに指を挟むなどが想定されます。一人ですべて行わず、救急車の要請と応援だけでなく周囲の人にも協力をお願いしましょう。

❶ 切り傷や動物にかまれる裂傷、転んだ擦り傷の場合

　汚れがあればまず水で洗い流し、出血が多い場合は止血をします。軽い傷であれば洗い流し、清潔なガーゼで圧迫し止血します。ドアに挟まった傷などは内出血を起こしている場合もあります。すぐにハンカチなどを濡らして冷やします。また骨折が疑われる場合は枝木（無ければペン）などで固定します。ここでは応急処置にとどめ、病院の受診を勧めます。

❷ 食べ物がのどに詰まるなどの状態がみられる場合

　視覚障害者を前かがみにさせ、同行援護従業者の片方の腕を視覚障害者のわきの下に通し、視覚障害者の肩甲骨の間（ちょうど背中の中央部あたり）をもう片方の手のひらで2、3回叩きます。固い異物の場合は出てくることがあります。出ないときは、両腕をわきの下から入れ、視覚障害者のみぞおちあたりで手を組み、自分に引き寄せ上に上げるようにします。相手の反応を見ながら行います。

❸ 熱中症（日射病など）になりやすい天候の場合

　夏季や梅雨どきは水分をこまめに補給するようにします。ふらつきやめまいなどの症状や頭痛などが現れた場合は、涼しい場所に移動し、衣類を薄着にするなど風通しをよくします。少しずつ水分の補給を行い安静にします。また、首筋やわきの下などに濡れたタオルなどを当てることも効果的です。

❹ 心肺停止状態の場合

　周囲に声かけをして、救急車の手配、AED（呼吸停止の場合）の手配をお願いします。視覚障害者を横にして気道確保を行います。呼吸が確認されない場合は人工呼吸をし、心臓マッサージを行います。事前に普通救命講習などを受講しておくと安心です。

❺ てんかん発作を起こした場合

　転倒防止を最優先し静かに寝かせます。嘔吐などがあれば吐物により気道が塞がれる可能性がありますので、顔を横に向け、締めつけている服やベルトを緩めます。全身に痙攣などが現れた場合には、周囲や地面に頭などを打ちつけないようタオルなどの柔らかい物を当てます。また舌をかむおそれがありますが、あわてて口を開けたりすれば歯が折れたり、指をかまれることもあります。おおよその発作は短時間で自然に落ち着きますが、繰り返し起きた場合などは、周囲にお願いし救急車を要請します。受診した医師に発作が起きる前の前徴症状の有無や痙攣した部位（足・顔など）はどこからか、どのくらいの時間続いたか、嘔吐や頭痛などが起きたかを伝えます。主にてんかん発作がある人は薬を服用している場合が多く、あわてずに対応することが大切です。

❻ 他者（物損を含む）との事故の場合

　視覚障害者と相手を安全な場所へ移動させ、警察や消防への連絡を速やかに行います。呼びかけを行い意識の確認をし、けがをしている場合は状態をみて、前述の処置をします。その後、関係者に状況の説明を行います。特に自転車との接触による転倒や、白杖が折れるなどの事故事例がよくみられます。自転車は車両であり、自転車との接触は交通事故の範疇になります。いかなる場合も同様に状況説明をし、相手方と話し合います。事業所への連絡も忘れずに行いましょう。

3　天候の確認

　支援中に起こる天候の変化は、移動の大きな妨げとなる場合があります。そのために同行援護当日の計画に基づき、天気の確認を行いましょう。必要な雨具や情報取得のための機器（携帯電話など）の取り扱いも確認しておきます。また、事業所で取り決めてある警報や注意報が出された場合の対応などについて理解しておきます。現地では交通機関の運行状況を確認しましょう。

4　災害対応の確認

　活動中に自然災害（地震・水害など）が起きた場合は、速やかに同行援護を中止します。現在地の確認をし、生命を最優先にした情報収集と移動を行います。そのために携帯ラジオなどを携行しておくと便利です。また、地域住民に協力を依頼し、一緒に行動できるようにしましょう。

　東日本大震災では、交通機関のまひにより大勢の帰宅困難者（おおむね徒歩による帰宅距離が 20 km 以上）が発生しました。また通信手段の混乱により

連絡ができにくいなど、安否情報の取得に時間がかかりました。事業所では災害対策マニュアルなどを作成し、災害伝言ダイヤルの利用方法など防災に関しての研修などを行いましょう。

5 道路環境の確認

❶ 工事や通行止めの場合

水道工事やガス工事など、道路環境が変化することがあります。安全なルートはどこなのかなど、その場で判断する必要があります。

❷ 車両の通行の理解

一方通行なのか対面通行なのか、また歩道があるのか、歩車道の区別がないのかなど、危険な道路環境かどうかを理解し、それに即した同行援護を行います。

❸ その他

側溝や樹木の枝、看板など、絶えず周囲に目を配り、視覚障害者に正確に情報を伝え危険を回避しましょう。

6 食事の確認

食事をとる場合は、視覚障害者に必ずアレルギーのある食材の有無を確認します。特にそばや乳製品に対しては、提供した店舗の店員などに使用食品の確認をする必要があります。視覚障害者本人に疲労がある場合は、脂っこいものなどを食べても体調が悪くなったり、嚥下障害がない場合でも飲み込みが悪くなる場合がありますので、必要に応じて食べやすい大きさに切ることなどの配慮が必要です。刺激がある食べ物や食べ慣れない食べ物でも不調になる場合がありますので、事前に正確な情報提供が必要です。

7 実務上の留意点

同行援護の実務では、前述の障害者虐待防止法、障害者差別解消法、個人情報保護法に基づき、次の点に留意しながら、同行援護を行う必要があります。

1　共通事項として留意すべきこと

❶ ハラスメント（不快な言動）

　セクシャル・ハラスメント（時・場所・相手をわきまえずに、相手を不愉快にさせる性的な言動）、パワー・ハラスメント（職権などのパワーを背景にして、本来の業務の範囲を超えて、継続的に人格と尊厳を侵害する言動を行い、就業者の働く関係を悪化させ、あるいは雇用不安を与えること）、モラル・ハラスメント（加害者の自己愛的な性格要因から、言葉・態度・文書により、静かに・じわじわと・陰湿に繰り返される精神的嫌がらせ・迷惑行為）など、ハラスメント行為は行っている本人には自覚がない場合もあり、お互いに注意する必要があります。

❷ 守秘義務の厳守

　視覚障害者（家族を含む）および同行援護従業者それぞれの個人を明らかにするような情報は、第三者に話してはなりません。また聞かれても答えることはできません。事業所に寄せられる苦情のうち、個人情報に関することが圧倒的に多いのが現状です。

❸ 個別の対応をしない

　同行援護事業は国の制度として行われます。事業所の一員としての誇りをもち、他の同行援護従業者と協調し活動しなければなりません。そのために個別に対応するなどしてはいけません。また視覚障害者も同行援護従業者に直接依頼せず、事業所へ連絡し依頼するようにしてもらいます。これは継続した支援と良好な関係維持のためのルールであることを理解しましょう。

❹ その他

　18歳未満の視覚障害児の場合は保護者に対して、開始・終了時の引き渡しの時に支援中の報告を必ず行います。終了時間に保護者が不在の場合は、引き渡すまで障害児のそばで待機する必要があります。

2　同行援護従業者として留意すべきこと

　同行援護は、視覚障害者・児への情報と移動の提供です。そのうえで留意すべきこととして次の点があげられます。

❶ プロ意識をもつ

　視覚障害者は常に安心で安全に出かけられるプロの同行援護従業者を望んで

います。また同行援護従業者の知識と技術を信頼し、利用していることを知りましょう。

❷ 費用的負担をさせない

移動時の公共交通機関での費用など、視覚障害者にかかる負担は大きくなります。サービス提供時の公共交通機関の利用において発生する費用などは、一般的には利用者の負担となりますが、同行援護従業者個人の食費や物品の購入については、視覚障害者が負担することのないように留意します。

❸ 利用計画を履行するために必要な準備を行う

視覚障害者は月に決められた支給量のなかで、それぞれ計画を立てて利用しています。突発的な変化などを除き、依頼の計画に沿った支援を行うために必要な知識や情報を取得し、無駄のない支援をしましょう。また、やむを得ない事情で終了時間が延長する場合を除き、開始・終了時間を確実に履行しましょう。

❹ 同行援護技術の向上

養成研修において習得できることは限られています。その後、視覚障害者との活動時間や活動実績が増えるに従って、「慣れ」から基本的な技術がおろそかになる場合もあります。スキルアップなどの研修を積極的に受講しましょう。また、不明な点は研修講師などに確認しましょう。

❺ 移動中に起こるさまざまなリスクに対応する

屋外では想定外の事態が起こり得ます。その場合、まずあわてずに視覚障害者の安全をはかります。同行援護従業者個人の考え方により、事態を悪化させる場合もありますので、事業所や専門機関に必ず連絡し指示を仰ぎましょう。

❻ 未知の場所などに対する情報取得

事前に情報を取得しても、現場ではわからないことも多くあります。その際には、携帯電話での情報取得や周囲の資源を活用しながら、正しい情報を取得しましょう。

❼ 社会的環境を理解する

道路環境や交通環境など地域によっては異なる場合もあります。それぞれの環境に応じて支援できるようにしましょう。

❽ その他

同行援護中の飲酒の禁止はもちろんですが、喫煙に関しても視覚障害者が嫌

悪感を抱く場合があります。その旨を必ず申し出て、不快な思いをさせない配慮をしましょう。

3　視覚障害者としての留意点

　同行援護従業者が視覚障害当事者に感じていることとして、次のようなものがあげられています。

❶ 同行援護業務以外の依頼

　同行援護従業者は、移動支援と情報支援など法令に定められたサービスを提供することとなっています。他のサービスを行うことはできません。

❷ 視覚障害者の購入したものの所持

　同行援護従業者が両手に物品を所持することにより、安全に支援ができない場合も出てきますので、購入した荷物は、購入した視覚障害者自身で所持することを基本としています。

❸ 時間や内容の変更

　当初とは依頼内容が変化することは日常生活上あり得ることですが、支援するうえで必要な準備もありますので、依頼内容の変更の連絡はなるべく早めにしてもらいましょう。当日の時間延長などが起こりうる場合は、事前に利用計画に盛り込んでおきましょう。また同行援護従業者、事業所へ連絡し、あらかじめ可能かどうかを確認してもらいましょう。

❹ 白杖の所持

　白杖は3つの機能があります。1つめは周囲に視覚障害であることを認知してもらうこと、2つめは情報を取得すること、3つめは障害物を回避するなどの役割をもっています。支援を受けている場合は、白杖を伸ばし携行してもらうことで、より安全で安心な支援を受けられます。ただし強制するものではありませんが、お互いの安全のために理解してもらいましょう。

❺ その他

　原則、通勤や営業活動などの経済活動にかかわる外出や通年かつ長期にわたる外出、社会通念上適当でない場所への同行援護の利用はできませんが、特別支援学校への入学時や、入社の際の利用は一定期間認められる場合や、移動支援と並行して利用できる場合もあります。

　なお、令和2（2020）年10月から、意欲的な企業や自治体を支援するため、

雇用施策（障害者雇用納付金制度）と福祉施策（地域生活支援促進事業）が連携し、同行援護サービスの利用者等の通勤や職場等における支援の仕組みが設けられました。

4　制度的な留意点

視覚障害者や同行援護従業者が日頃感じている制度上不足していると思われる点には、次のようなものがあげられています。

❶ 同行援護従業者の従事者数

出かけたくても同行援護従業者がいないことで、視覚障害者の最低限の社会生活の維持が困難になります。従事者が少ない地域においては、着実に養成していくことが重要です。

❷ 研修会など

地域によって、一般課程、応用課程ともに開催されていない地域があります。そのため、同行援護従業者の新規の資格取得が難しい、さらに一度資格を取得してしまうと喪失しないために技術の向上が見込みにくいなどがあります。今後は、研修カリキュラムを用意し、実施することが必要と思われます。

❸ 制度の周知

通常のパンフレットなどの方法では、視覚障害があるがゆえに制度の存在が伝わらない場合があります。多くの視覚障害者が容易に入手できる情報手段での周知が望まれます。

❹ 家族やボランティアなど

視覚障害者に同居家族などがいたとしても、自由に外出の機会が確保されているわけではありません。同居家族などに依存しすぎないよう、受給時間などの配慮が必要です。

❺ 視覚障害者としての研修等

同行援護従業者との歩き方や制度の知識などを一般社会に広めるために、視覚障害者向けの研修や歩行訓練なども望まれます。

8 移動に関係する制度

　ここでは、同行援護中に必要な知識として「移動中」または「外出中」に利用できる制度について記載します。ただし、これらのサービスはあくまでも関係事業者のサービスであるため、必ず適応されるとは限りません。

　原則として、身体障害者手帳の携帯が必要になります。また、福祉制度を利用しない場合でも、同行援護を行うときには、視覚障害者には身体障害者手帳を携帯することが原則であることを理解してもらってください。同行援護従業者は、どのような場合でも切符売り場などでの窓口等に表示してある「料金表」をいち早く見つけることが重要な仕事となります。また、事前準備としてどのようなサービスが受けられるかを調べておくと現場でとまどうことが少なくなります。

1　JR各社の旅客運賃割引

　身体障害者手帳の第1種の視覚障害者が乗車する場合、介護者とともに普通乗車券、定期乗車券、急行券が半額となります。ただし、端数は切り捨てとなります。切符で乗車するときと、ICカードで乗車するときは料金が異なりますので注意が必要です。

　乗車券は、小児（障害者）料金となります。ICカードの場合は、改札を入るときはセンサーにタッチします。降りる駅では駅員がいる改札に行き、ICカードを2枚（視覚障害者と同行援護従業者）と身体障害者手帳を提示して割り引いてもらうようにします。普通急行券の場合、乗車以前の購入が必要です。乗車してからの購入では、割引は適用されません。

　第1種身体障害者（1・2級）もしくは第2種身体障害者（3～6級）でも、単独で片道101km以上（他社との連絡含む）乗車する場合、普通乗車券のみ割引切符が購入できます。ただし、窓口での購入が原則となります。

　切符を購入する場合は、自動券売機での購入と窓口での購入があります。

❶ 自動券売機で購入する場合

　自動券売機で購入する場合、「小児用切符」（地域によっては「障害者用切符」）を2枚購入します。手間取らないように注意してください。改札を通過するときに身体障害者手帳の提示を求められる場合がありますので、身体障害者手帳を提示できるように視覚障害者に促しておくとよいでしょう。

❷ 窓口での購入の場合

　窓口では身体障害者手帳を提示して購入します。身体障害者手帳をすぐに提

示できるように視覚障害者に促しておくとよいでしょう。

　特急、新幹線については、基本的に割引はありません。JRの特急、新幹線などでは、「JRジパング倶楽部」に加入していれば割引が受けられます。購入するときには、窓口において購入する必要があります。このときに「JRジパング倶楽部」の手帳が必要です。

＊「JRジパング倶楽部」……男性65歳以上、女性60歳以上のシルバーの方を対象に実施しています。障害のある人については、男性60歳、女性55歳から加入ができます。

【JRジパング倶楽部の申込窓口は各都道府県・指定都市の「ジパング倶楽部取扱い団体」まで】

2　民間鉄道

　民間鉄道の割引については、会社によって異なりますが、一般的には以下のような割引があります。

　身体障害者手帳で第1種視覚障害者は介護者とともに半額となります。ただし、端数は切り上げとなります。切符で乗車するときと、ICカードで乗車するときは料金が異なりますので注意が必要です。乗車券の場合は、子供（障害者）切符を購入します。ICカードの場合は、改札を入るときはセンサーにタッチします。降りる駅の駅員がいる改札に行きICカードを2枚（視覚障害者と同行援護従業者）と身体障害者手帳を提示して割り引いてもらうようにします。

　切符を購入する場合は、「福祉切符」「障害者割引切符」「子供切符」など、民間鉄道の場合呼び方が違いますので注意してください。切符を購入する場合、券売機で手間取らないように注意してください。また、割引の切符は窓口でも購入することができます。

　購入時には身体障害者手帳の提示が必要になりますので、準備をしておくとよいでしょう。改札を通過するときに身体障害者手帳の提示を求められる場合があるため、手帳を提示できるように視覚障害者に促しておくとよいでしょう。

　政令指定都市などで、鉄道（地下鉄）がある場合など、視覚障害者に対して、本人および介護者が無料になる「券」を配付される場合がありますので、確認してみてください。状況によっては、無料の「券」ではなく、タクシー券などをもらっている場合もありますので、視覚障害者に確認するとよいでしょう。

　電車乗車時の「2枚のICカード」は視覚障害者が持っていることが原則です。また、関東では令和4（2022）年秋頃に「障害者用ICカード」の導入が計画されています。この場合のICカードは障害者割引用なので付き添いがいない場合は使用できません。

3　バス

　全国どこの地域でも割引が実施されています。身体障害者手帳の第1種身体障害者である視覚障害者は介護者とともに半額となります。ただし、端数はJR関係のバスは切り捨て、民間のバスは切り上げとなりますので確認することが必要です。支払いは乗車時、降車時などさまざまですので注意してください。特に前方から乗る場合は、前払いの可能性もありますので、事前にバス停の表示や視覚障害者に確認しておくとよいでしょう。さらに、ICカードなどで乗車する場合、乗車時に整理券を取る必要があったり、センサーにタッチする必要がある場合もみられますので、事前に調べておくことが必要です。また、現金で乗車するときと、ICカードで乗車するときは料金が異なる場合がありますので注意が必要です。降りるときにICカードと身体障害者手帳を提示して割り引いてもらうようにします。

　長距離バス、観光バスなどでは、事前の予約が必要だったり、窓口で購入したりする場合などがありますので確認するようにしてください。

4　タクシー

　一般的には、身体障害者手帳を所持していれば、タクシー料金の割引を受けられます。その場合、乗車料金の総額の10％の割引となります。ただし、端数は切り捨てになります。さらに自治体発行のタクシーチケットなどでも割引が適用されます。運転手から身体障害者手帳の提示を求められたり、手帳番号や氏名を記録されたりする場合がありますので、準備をするように視覚障害者に伝えておくとよいでしょう。

　また、タクシーの運転手から割引のことを伝えられる場合と伝えられない場合がありますので、乗車のときに割引が適用されるか確認するとよいでしょう。

5　路面電車

　全国どこの地域でも割引を受けることができます。身体障害者手帳の第1種身体障害者である視覚障害者は、介護者とともに半額となります。ただし、端数は切り上げとなります。支払いは乗車時、降車時などさまざまですので確認することが必要です。特に前方から乗る場合は、前払いの可能性もありますので、事前に電停の表示や視覚障害者に確認しておくとよいでしょう。さらに、ICカードなどで乗車する場合、乗車時にセンサーにタッチする必要がある場合もみられますので、事前に調べておくとよいでしょう。地域によって、身体障害者手帳があれば本人が無料になる場合もありますので、確認してからの乗

車がよいでしょう。

6 乗船券

　一般的にはカーフェリー、渡し船、観光船などで乗船券の割引を受けることができます。その場合、身体障害者手帳の第1種身体障害者である視覚障害者は介護者とともに半額の割引があるかもしれません。ただし、端数は切り上げとなります。乗船券を売っている場所で料金表を確認することが求められます。

7 航空券

　国内線の各社において割引が実施されています。一般的には身体障害者手帳の第1種身体障害者である視覚障害者は介護者とともに、2種では単独で35％の割引となります。ただし、端数は切り捨てとなります。障害者割引以外にもさまざまな割引があります。場合によっては、そちらを利用したほうが得な場合もありますので、十分考慮しましょう。

8 公共施設等の入場券

　半額や無料または割引率が状況によって変化するなど、施設によってさまざまです。入場のときに窓口で確認することが必要です。身体障害者手帳の第1種身体障害者である視覚障害者は介護者とともに割引が受けられるかもしれませんので、確認するとよいでしょう。

※ **1** 視覚障害者についての理解・**2** 視覚障害の実態とニーズ・**3** 「見え」の構造・**6** 視覚障害の原因疾病と症状については、一般課程の「障害・疾病の理解①」に含まれます。

1 視覚障害者についての理解

1 眼が見えない・見えにくい人とは

　全国に視覚障害者は、約31万2000人いるといわれています（厚生労働省「平成28年生活のしづらさなどに関する調査」結果より）。また、平成21（2009）年の日本眼科医会の報告では、視覚障害者は約164万人いると推計されています。「視覚障害」の定義が、国の法律と眼科医会では異なるために、こうしたことが起きてきます。

　定義が異なるということは、すべての視覚障害者が視力0というわけではないことを意味しています。もちろん、視力0（全盲）の人もいますが、それ以外の人は、極めて多様な見え方、見えにくさをもっています。例えば、周囲が見えにくい、真ん中が見えにくい、字を拡大すると読める、まぶしさが強い、白く濁ったように見えるなどです。同行援護では、視力の問題だけではなく、見える範囲（視野）の問題もからんできます。

　したがって、視覚障害者の生活を支援するさまざまな用具も、必ずしも聴覚や触覚に頼るものばかりではなく、いかに視覚機能を効果的に利用できるかに腐心したものもあるのです。「字を拡大する」「できるだけ視覚的に目立たせるようにする」などは、そのよい例です。

　また、幼少時から見えなかったり、見えにくかったりする人がいる反面、人生の途中で、病気や事故により見えなくなったり、見えにくくなった人もいます。現在では、中途で視覚障害になる人が多くを占めています。

　さらに、文字を読むのに大変な苦労をしたり、文字が読めるほどの視力はないものの、晴眼者（視覚に障害がない人）とあまり変わらないような状態で日常生活を送っている人もいます。このような人の状態を指して「生活視力がある」といったりすることがあります。

　以上のように「視覚障害者」といってもその障害の程度と必要とする支援は十人十色です。言い換えれば、移動や情報・コミュニケーション支援において、視覚障害になった年齢やキャリアによって、必要とする支援内容は異なるといえます。

2 身体障害者手帳制度

日本には「身体障害者手帳」という制度があります。

視覚に障害があっても手帳を所持していなければ、法律上は「身体障害者」とは認められません。日本眼科医会の推定 164 万人といわれる視覚障害者の中には、法律上は「視覚障害」と認められない人も含まれているということになります。

視覚障害者の場合、障害の程度によって障害等級が 1 ～ 6 級に分けられています。

一般的に、1 級と 2 級の障害状態は「重度障害者」と呼ばれ、昨今は増加傾向にあります。3 級と 4 級の障害状態は「中度（中程度）障害者」、5 級と 6 級の障害状態は「軽度障害者」とそれぞれ呼ばれています。

2 視覚障害の実態とニーズ

視覚障害の原因としては、病気によるものが一番多くなっています。

視覚障害の原因となる病気については、緑内障、糖尿病網膜症、網膜色素変性、黄斑変性がずっと上位を占めてきていますが、全国で新規に身体障害者手帳を取得した視覚障害者を対象に実施された平成27（2015）年の調査[注1]では、平成 18（2006）年の調査[注2]で原因としては 2 番目であった糖尿病網膜症が 3 番目になり、網膜色素変性が 2 番目になりました。また、緑内障は依然として一番多い病気になっており、さらに原因となる病気に占める割合も以前より高くなってきています。

同じ調査で障害原因と年齢とをみてみると、60 歳未満では、網膜色素変性が一番多く、糖尿病網膜症がこれに続く一方、60 歳以上になると、緑内障が一番多く、糖尿病網膜症が続きます。80 歳以上になると、緑内障が多いことに変わりはありませんが、黄斑変性が 2 番目を占めます。

身体障害者等級をみると、一番多い等級は 2 級であり、5 級、1 級と続き、平成 28（2016）年の国の調査とは異なった様相を示しています。また、病気との関係をみると、1 級では緑内障、糖尿病網膜症が占める割合が高いのですが、2 級および 3 級では緑内障、網膜色素変性の割合が高い傾向がみられます。

一方、新宿区が令和元（2019）年に実施した「新宿区障害者生活実態調査」

注 1）Yuki Morizane, Noriko Morimoto, Atsushi Fujiwara, et al., Incident and Causes of visual impairment in Japan: the first nationwide complete enumeration survey of newly certified visually impaired indivisuals., Japanese Journal of Ophthalmology, 63:26-33, 2019.

注 2）中江公裕ほか「わが国における視覚障害の現状」厚生労働省難治性疾患克服研究事業　網脈絡膜・視神経萎縮症に関する研究：平成 17 年度研究報告書，263-267，2006 年

における日常生活での困りごとの調査では、他の障害と比べても特徴的な項目が3か所出てきます。1つ目は「外出に支障があること」、2つ目は「役所などの手続きが難しい」、そして3つ目は「災害時の避難に不安がある」というものです。他の障害に比べても、これら3項目は突出しており、特に最初の2つについては、同行援護の持つ役割が非常に重要であることを想起させます。また、この外出については、別項で「外出に関して困っていること」を聞いており、その中で、「歩道の段差や傾斜があると移動が困難」「建物の段差や階段があると移動が困難」「自動車・自転車に危険を感じる」の割合が、高いことが特徴となっています。

　これらも同行援護の中で解決すべき課題であることは間違いなく、同行援護の役割をあらためて認識できるものです。

　さらに、国の平成28（2016）年の調査における視覚障害者の情報獲得方法（複数回答）をみると、65歳未満では、携帯電話とスマートフォン等を合わせると約63%、テレビが約77%、家族や知人が約53%となっていますが、65歳以上では携帯電話とスマートフォン等を合わせても約18%程度で、テレビは約58%、家族や知人は約57%となっています。5年前の調査ですので、その後のスマートフォン等の普及を考えると65歳以上でも携帯電話やスマートフォン等の割合は増えているとは思えますが、携帯電話やスマートフォン等からの情報取得については、高齢視覚障害者の持つ課題が浮き彫りにされているのではないでしょうか。

3 「見え」の構造

1　眼球と視神経

　図3-1は、眼球の断面図です。眼球の平均的な大きさは、直径約24mm、重さは7g程度の球体です。眼球は、よくカメラにたとえられます。

　図3-1のとおり、前から光が入り、角膜、前眼房、水晶体、硝子体を通って、最終的に網膜で像を結びます。確実に網膜で像が結べるよう、角膜と水晶体で光は屈折します。水晶体は、毛様体によってその厚さが変えられ、光の屈折を調整できるようになっています。

　網膜で結んだ像は電気的な信号に変えられ、視神経を通って視覚中枢へと送られます。

　この際、右眼の神経が単純に右の脳を通り、左眼の神経が左の脳を通っているわけではないことに注意が必要です（図3-2）。

　よく見ると、視交叉より後ろでは、両眼の左半分の網膜（右側に見える物）

図 3-1　眼球の水平断面図

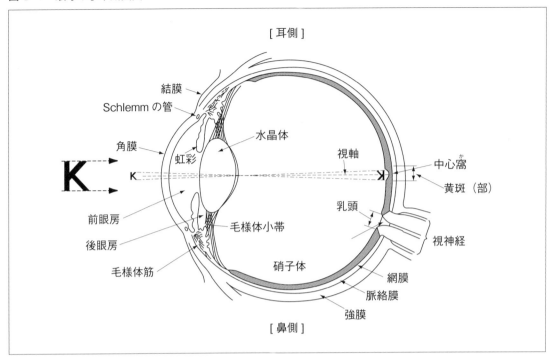

図 3-2　視覚経路

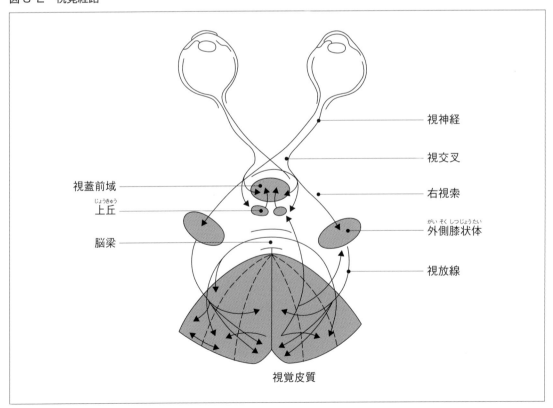

の神経はともに左側の脳を通り、逆に右半分の網膜（左側に見える物）の神経は右側の脳を通っています。

　つまり、視交叉以後の脳のどちら側かの視神経に障害が起きると、両眼の同じ側半分の視野に障害が起きるということになります。逆にいえば、視野の障害の状態によっては、脳のどの部位に病変があるのかを知ることができるということになります。

　以上が解剖学的な視覚の状況ですが、この視覚の機能を判定していく代表的な指標が視力であり、視野であり、色覚ということになります。視覚障害については、すでに述べてきたように、視力と視野がその対象となりますので、ここでは視力と視野について概観してみましょう。

2　視力

　視力は、ランドルト環（図3-3）を利用して測定されます。多くの場合、決められた明るさの下で、5m離れた視力表のランドルト環の隙間が確認できるかどうかで視力は決められます。視力が1.0の場合、ランドルト環の大きさは直径が7.5mm、隙間は1.5mmというサイズになります。

　日本では、数字で表される視力は0.01が一番小さく、以下は順に、指数弁、手動弁、光覚弁と表され、光覚もわからない場合に0ということになります。

図3-3　ランドルト環

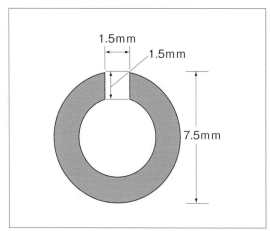

3　視野

　眼球を動かさずに、どの範囲まで見えるかという尺度になるのが視野です（図3-4）。両眼で見ると、片眼に見えない部分があっても他眼がそれを補ってしまうことになりますので、測定するときは片眼ずつ測定します。なお、網膜の

視神経乳頭（眼球から神経や血管が出入りしているところで、中心より少し鼻側にある）に当たる部分は盲点となり、視野を測定すると見えない部分となります。この盲点のことを「マリオット盲点」といいます。注視している点より少し耳側にあります。

　図にあるように、視野はおおむね卵形をしており、鼻側は狭く、耳側は広くなっています。視力と合わせてみると、正常な眼の場合でも視野の中央部分は視力がありますが、周囲にいくにしたがい、視力は急激に低下します。

図3-4　正常な視野図（右眼）

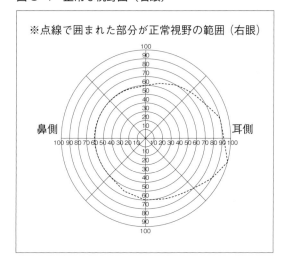

※点線で囲まれた部分が正常視野の範囲（右眼）

鼻側　　　　　　　　　　　　　　耳側

4 「見える」ということ (*)

　解剖学的な立場から眼球をみてきましたが、では眼球が感覚の入口となっている「視覚」、つまり「見える」ということはどういうことなのでしょう。

　視覚からの情報は全体の約80％を占めているといわれ、視覚情報が少なかったり、全くなかったりすることでの生活は大変であるといわれます。それは、どういうことを意味しているのでしょうか。また、「視覚からの情報は全体の約80％を占めている」というのは、実際にはどういうことなのでしょうか。

　視覚に障害のない人が、ある部屋の入口に立ったときのことを想像してみましょう。入口でその部屋の中を眺めると、時間をかけずにその部屋の大きさ、形、天井の高さ、置かれている物など、ほとんどすべてを把握することができるでしょう。他の感覚ではそうはいきません。聴覚や触覚を利用してある部屋の状況を把握することを想像してみてください。触ることで部屋の形は把握できるかもしれませんが、時間がかかります。置いてあるものは聴覚で把握することはできません。ただ、1つ注意してほしいことは、「だから、聴覚や触覚は視

覚に劣っている」というわけではないということです。感覚はそれぞれにもち場といわれる領域があるので、比較しても実際にはあまり意味はないのです。

結論をいえば、「見える」ということは「ほぼ瞬時に、自分の置かれた環境全体を把握することができる」と理解されます。「視覚からの情報は全体の約80％を占めている」からこそ、瞬時に全体を把握することができるのです。

5 「見えること」と「行動」（＊）

では、「見えること」はどう「行動」に影響を及ぼしているのでしょうか。ここでは、視覚に障害のない人が、自宅から目的地まで歩いて移動している場合を考えてみましょう。

「歩く」ということは、下肢に障害があったり体幹が安定しない状態を想定しなければ、左右の足を交互に前に出せば実現できる動作です。しかし、これだけで目的地に到達できると考えている人はいないと思います。普段は何気なくやっていることなのですが、人は目的地に行こうとするとき、まず、自分の目の前の安全を必ず確保しようとします。障害物があれば避けて進もうとするし、穴があれば落ちないようにします。そしてさらに重要なことは、常に（これも無意識に行っていることが多いのですが）自分のいる位置を確認し、これから進む方向を確認しているのです。ですから、話に夢中になっていると自分のいる位置がわからなくなったり、曲がるべき所を通り過ぎてしまうことが起きてくるのです。

この「自分の目前の安全の確保」「自分のいる位置の確認」「進む方向の確認」をしているのが「視覚」、つまり「見えること」なのです。視覚を通して、自分の周囲の「情報」を収集しているわけです。例えば、視力が低い状態では、階段のステップの端がわかりづらいので、足を前に出すことが怖くなります。その代わりに、別の方法、足の裏でステップを確かめたり、白杖で確認しようとするかもしれません。周囲がステップのあることを事前に伝えてくれれば、さらに安心感は増すかもしれません。それらがなければ、移動は困難になります。

要約すれば、「目的地まで移動する」という「行動」は、「歩く」という動作に「情報の獲得」という行為が加わって、初めて実現できることであり、その「情報の獲得」に「見えること」は大きな貢献をしているということになります。

これは、「書く」という行動についても同じことです。「書く」という動作はできても、決められたスペースに決められた大きさで書くことは、場所や大きさについての情報がなければできません。その情報を視覚を通して収集していることは、移動の場合と同様です。

視覚に障害のある場合は、この情報の入手の部分に大きな影響が出ます。視

覚障害の二大不自由といわれる「移動」と「読み書き」はこうした部分を多く含んでいるので、それぞれの行動が難しくなっていると考えられます。

　網膜の中心部しか見えていない状態では情報の収集量が少なくなるので、移動には大きな影響が出ますが、反対に周囲が見えている状態では情報量が増え、「全体を把握する」という「見える」ことの大きな役割が果たせるため、移動が比較的保たれるのです。

6 視覚障害の原因疾病と症状

　視覚障害の原因となる疾病はさまざまです。世代によっても多少異なりますが、全世代を通して、糖尿病網膜症、緑内障、網膜色素変性、黄斑変性は主要な原因となっています。

1 糖尿病網膜症

　糖尿病網膜症の原因となる糖尿病は、血管が傷んでいく病気と考えられますので、網膜や腎臓、心臓、神経などに症状が出てきます。近年、糖尿病の増加により、その合併症としての糖尿病網膜症が視覚障害の原因の上位になっています。非増殖性と増殖性の網膜症がありますが、増殖性の場合は、網膜の新生血管が硝子体に形成され、硝子体出血や牽引性の網膜剥離を起こして視覚に障害をきたします。

　突然視覚の障害を意識したり、徐々に見えにくくなったりと、人によりその症状はさまざまですが、日により見えたり見えなかったり、また治療により改善したのちにまた見えにくさが増すようなときの気持ちは、決して穏やかではありません。

　さらに神経障害を合併すると、しびれなどにより、足先や手先にけがをしてもそれに気づかずに悪化し、感染症などから重大な事態に至ることがありますので、同行援護の際は、観察が必要になります。

　糖尿病そのものについては、低血糖状態の発生も考えておく必要があります。そのような場合は、さまざまな方法で血糖値を上げ、そのあと必ず医師に報告するよう視覚障害者に伝えてください。

2 緑内障

　緑内障は現在、視覚障害の原因疾病として最上位に位置づけられています。

　眼圧が高いために視神経を圧迫し、それが長期間続くと視野の一部が欠け始めたり、視力の低下や視野狭窄をきたします。先天性緑内障の1つで、眼が大

きく見えることから牛眼と呼ばれる場合もあります。状況によっては、網膜剥離に至ることもあります。

眼圧の高さゆえに、頭痛や吐き気、眼痛などを訴える場合もあります。また日本では、眼圧が正常範囲内にありながら、同様の症状をきたすケースが多くなっています。

同行援護の際は、眼をぶつけないように特に注意が必要です。

3　網膜色素変性

網膜色素変性は遺伝性素因で起こり、小児期に夜盲がみられることが多い疾病です。変性は明暗の認識に関係する杆体という視細胞と網膜色素上皮から始まり、錐体細胞と脈絡膜に及びます。杆体細胞は網膜の周辺部に多く存在するため、周辺からの視野障害がだんだん網膜の中心部へと及んでいくことが多いようです（図3-5、3-6）。障害としては、視野に限らず視力も低下します。同行援護の際は、夜盲、まぶしさに対する注意が必要です。

図3-5　輪状暗点

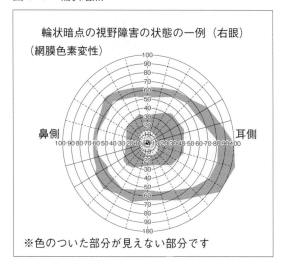

図3-6　求心性視野挟窄

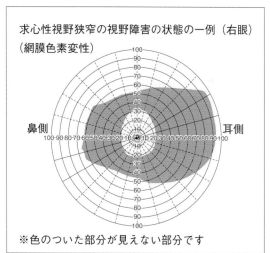

4　黄斑変性

黄斑変性では黄斑という、視力の感度がもっとも高い網膜部位が変性をきたすために、視力が低下します。老人性のものが多く、疾患の進行は緩慢ですが、最終的には大きな中心暗点となります（図3-7）。

網膜の中心部が見えないので、細かな文字が見えない、新聞などが読めないなどの日常生活上の困難がありますが、通常、全盲まで進行することはありま

せん。また、周辺視野を用いることができるので、移動するときには活用できます。

同行援護の際は、この眼疾患は高齢者に多いということを知っておくとよいでしょう。

図3-7 中心暗点

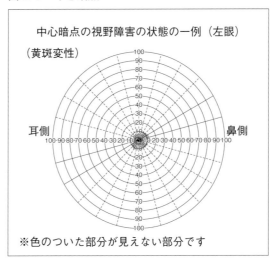

中心暗点の視野障害の状態の一例（左眼）

（黄斑変性）

耳側　　　　　　　　　　　　　　　　　　　鼻側

※色のついた部分が見えない部分です

5 視神経萎縮

視神経萎縮は、病気や遺伝素因によって発症します。視力の低下や視野障害（中心暗点や求心性視野狭窄）をきたします。代表的なものにレーベル氏病があります。

6 白内障

白内障は水晶体の混濁による視力低下が主訴で、加齢に伴うものは老人性白内障といわれている疾患です。先天性のものは、先天性白内障といわれています。

同行援護の際は、まぶしさに注意する必要があります。

7 網膜剥離

網膜剥離は、網膜の裂孔形成や外傷、眼内の炎症などさまざまな原因によって起こります。網膜は光を感じるところなので網膜が剥離すると当然視力の低下が起こります。

8　その他

　　聴覚障害、肢体不自由、心臓機能障害、呼吸器機能障害などの障害が重複している場合もあります。同行援護の前には、視覚障害者本人から注意することがあるかどうか、あらかじめ尋ねておく必要があります。

7 弱視の見え方・見えにくさ （*）

　　視覚障害のある人の中には、全く見えない人もいれば、見えにくい人もいます。これらの人々の見え方・見えにくさを理解するのは、非常に難しいことです。

　　弱視（ロービジョン）の人の中には、何らかの視機能が残っていたりする人が多数いますが、見え方・見えにくさは一人ひとり異なっているといえます。弱視（ロービジョン）の人自身が、自分の見え方・見えにくさを言葉で表現することすら難しいといわれています。弱視（ロービジョン）の人の見え方・見えにくさを理解するためには、いくつかの見え方・見えにくさの種類を理解する必要があります。それらの種類を知っておくことも、同行援護の際に役に立ちます。

1　ぼやけによる見えにくさ

　　近視や遠視などの屈折異常の場合、ピンボケの状態になります（図3-8）。図と背景の境界線が不明瞭で、細かい部分を見分けることが難しくなってきま

図3-8　ぼやけによる見えにくさとその補償方法

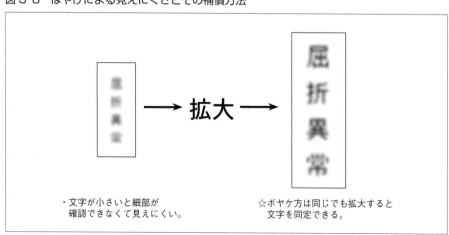

・文字が小さいと細部が
　確認できなくて見えにくい。

☆ボヤケ方は同じでも拡大すると
　文字を同定できる。

　　資料：中野泰志ら「弱視の見えにくさを考慮した読書環境の整備について」国立特殊教育総合研究所特別研究
　　　　報告書，1993年，45～55頁より抜粋

す。その症状を軽くするため、いくつかの解決法があります。

　まず、屈折矯正を適切に行うことです。また、網膜像を拡大する方法もあります。新聞や雑誌などの読む材料を眼に近づける、弱視眼鏡・拡大読書器の利用、パソコンを使用するときの画面拡大ソフトの利用などが適切になされれば、文字や図を認知できます。

2　まぶしさによる見えにくさ

　まぶしさを訴える弱視（ロービジョン）の人は、かなりたくさんいます。このような症状は、白内障、角膜混濁、硝子体混濁などの中間透光体の混濁によるものです。また、錐体機能の低下、無虹彩・虹彩欠損・白子症など、光量の調節がうまくいかないことによってまぶしさを訴える人もいます。

　まぶしさ（日常用語）という言葉に対して、「羞明（しゅうめい）」とか「昼盲（ちゅうもう）」という言葉が使われることがあります。羞明および昼盲(明るい昼間には見えにくくなってしまうという意味）という言葉は医学用語です。羞明は、「光をあびることによって痛みが生じる場合で、単なる不快感やまぶしさだけでは本来の羞明とはいわない」と考えられています。

　ここで使われている"まぶしさ"は、光によって不快感や視機能低下が生じる場合を総称して用いています。

　このような弱視（ロービジョン）の人には、その人に合った照度の状況を提供することです（図3-9）。その方法として、サングラス、遮光眼鏡などが用いられます（123頁参照）。

　読書する場面では、一般的な白地に黒の文字の印刷物を拡大読書器などを用いて白黒反転させて黒地に白の文字にしたり、リーディングスリットを用いる

図3-9　まぶしさによる見えにくさとその補償方法

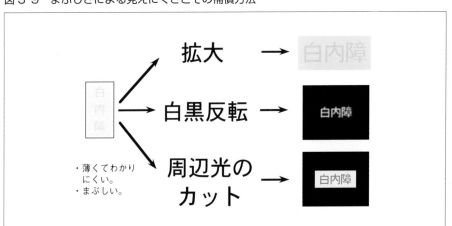

資料：中野泰志ら「弱視の見えにくさを考慮した読書環境の整備について」国立特殊教育総合研究所特別研究報告書，1993年，45〜55頁より抜粋

方法もあります（図3-10）。眼から入る光をコントロールすることで、見やすさが増します。

図3-10　リーディングスリット

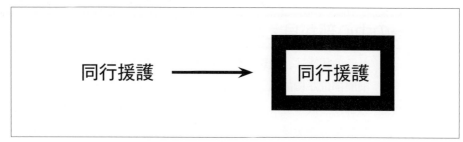

3　視野の周辺部が見えない見えにくさ

　網膜色素変性などの視野障害では、求心性視野狭窄の状態になっていることがあります。その場合、「トンネル視野」といわれるように、視野の中心部だけで視対象を認知することになります（図3-11）。したがって、物の全体像が構成できず、部分的な像で形状を認識することになります。このような弱視（ロービジョン）の人は、物を探すことが苦手になり、近くにある歩道橋・時刻表・灰皿などを探すことや、読書時の行替え、落とした物を探すことなどが難しくなってきます。

　弱視（ロービジョン）だから文字を拡大すればよいという考えは当てはまりません。文字を拡大すれば、見る範囲が狭いので文字の全体が把握できず、読みにくくなってきます。その人に合った文字サイズを提供することが必要にな

図3-11　視野が狭い見えにくさとその補償方法

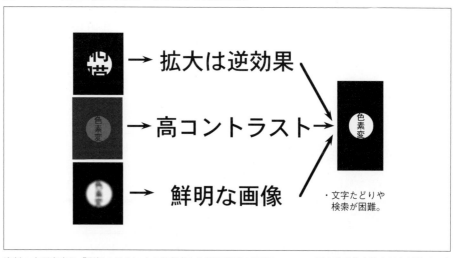

資料：中野泰志ら「弱視の見えにくさを考慮した読書環境の整備について」国立特殊教育総合研究所特別研究報告書，1993年，45〜55頁より抜粋

ります。また、このような弱視（ロービジョン）の人は夜盲をもっている場合があり、夜の歩行が難しくなってきます。視野が狭いために、歩行中に自転車や横切る車などを認知するのが難しくなるためです。

4　視野の中心部が見えない見えにくさ

　この状態は、黄斑変性、視神経萎縮などの眼疾患にみられ、視野の中心部の網膜部位が機能低下しています（図3-12）。網膜は、大きく分けて中心部と周辺部から成り立っています。中心部は、「文字を読む」など物を凝視する、細かい部分を見る役割をもち、周辺部は見る対象がどこにあるかを見る役割をもっています。中心部の網膜部位が機能低下している場合、細部を認知することが難しくなってきます。その一方で、網膜の周辺部を使えるので、周辺部が重要になってくる歩行などは比較的困難さが軽減されます。

　このような中心部が見えにくい弱視（ロービジョン）の人には、網膜像を拡大する方法をとると、見えにくい部分の影響を比較的受けずに文字が認識できます。例えば、拡大読書器を利用する、もしくは読書材料の文字を拡大する方法などがあります。

　屋外の移動では、看板、標識、運賃表、時刻表の文字を読むのが困難になってきます。

図3-12　視野の中心部が見えない見えにくさとその補償方法

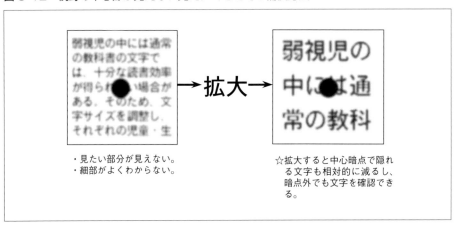

資料：中野泰志ら「弱視の見えにくさを考慮した読書環境の整備について」国立特殊教育総合研究所特別研究報告書，1993年，45～55頁より抜粋

5　生活視力

　そばで見ていると、一見眼が悪そうでも生活にはあまり不自由をしていないように思われることがあります。視覚障害者の中には、活字を読むのに大変苦

労したり、活字が読めるほどの視力はなかったりするものの、日常生活を一般の人と同じように送っている人も数多くいます。このような人の状態をさして「生活視力がある」といいます。

8 盲重複障害について （*）

　障害が視覚障害だけでなく、肢体や知的、さらには聴覚の障害を併せもつ人も少なくありません。国立障害者リハビリテーションセンター病院第三機能回復訓練部が以前に実施した全国の視覚障害者の訓練施設への調査では、更生施設で約46％、授産施設では約86％の人が視覚以外の障害をもっているという結果が出ています。また加齢により、動きが悪くなっている人も少なからずいます。

　もちろん視覚障害に範囲があるように、他の障害についてもかなりの範囲があるので、一概に「この障害を併せもつから、……である。」と簡単には断言できません。したがって、本節では、どのような障害が視覚障害と重複している傾向があるかを概観します。

　視覚障害との重複として多いのは、知的障害です。現在の視覚障害特別支援学校では、視覚障害だけの児童・生徒より知的障害を併せもつ児童・生徒のほうが多いという状況にあります。

　知的障害は、他者とのコミュニケーションや適応という点に問題がある場合も多く、視覚障害によって行動がうまくいっていないのか、知的障害によるものなのか、判断が難しいこともあります。

　事故や脳血管障害により視覚障害が発症した人は、脳の損傷により、肢体不自由も併せもつことがあります。「歩く」という動作そのものがうまくいかないのですから、支援の方法にも当然配慮が必要になり、身体を支えることが支援の基本となってきます。

　また、最近は脳の損傷の結果、高次脳機能障害がある人も少なくありません。高次脳機能障害では、物事が覚えにくかったり、長時間ひとつのことに集中できないといったことがみられます。また、自分の感情をうまくコントロールできない等の症状ゆえに生活に適応しにくくなっている状況がみられます。肢体不自由がない場合もあり、高次脳機能障害と視覚障害の重複ということになります。視覚障害ゆえにできないのか、高次脳機能障害ゆえにできないのか、わかりづらいこともあります。さらに、「歩く」という動作そのものがうまくいかなくなり、車いすを必要とする人もいます。この場合の支援では、車いすの操作にもある程度精通する必要があります。

　さらには、ともに感覚障害と位置づけられる聴覚障害を併せもつ人も少なく

ありません。前述したように、聴覚障害も単一でなく、さまざまな状態像をみせることがあります。全く聞こえないのか、少しは聞こえていて難聴という状態なのか、障害の様相によって対応は異なります。

第4章 障害者（児）の心理

※ **1** 先天性視覚障害者の心理・**2** 中途視覚障害者の心理については、一般課程の「障害者（児）の心理①」に含まれます。

1 先天性視覚障害者の心理

　先天性視覚障害者が、見えないことを自覚する時期は人によってさまざまです。成長に伴い、他人との違いに気づくこともしばしばみられます。また、知識として自分の状態を「見えない」こととして理解していることも多くみられるのですが、これはあくまでも観念の世界であって、実体験として見えないことを理解しているとはいえません。いわゆる「観念的」に考えているということなのです。

　なかなか自覚できない場合、生活するうえでなんとなく不自由であるが、生活している環境そのものや、仲間が同じ状況であるので気づきにくいことがあげられます。特別支援学校などの限られた空間で生活していることにより見える仲間との比較ができないために、見えないことが通常であると思うからだと考えられます。先天性視覚障害者のすべてとはいえませんが、視覚に障害があるとわかっても精神的に打撃を被るほど深刻になることは少ないようです。その主な理由は、見えていた時期の記憶がないために、それとのギャップがわかりにくいからだと考えられます。先天性視覚障害者も、自立の過程で、障害のない人と同じように、親から自立したいと考えることも特別なことではありません。

2 中途視覚障害者の心理

　中途視覚障害とは何なのでしょうか？　このことについて、決まった定義はありませんが「中途」とは、視覚的な概念形成、すなわち見えていた時期の記憶があるかどうか、色や形の認識があるかどうか、また、運動面においては、走ることや投げることなどの視覚的に模倣した運動が形成されているかどうかが、その境といってもよいでしょう。

1　失明直後

　視覚障害という肉体的な打撃だけでなく、精神的な打撃をも被ることになり

ます。視覚障害は「肉体的な打撃」ですが、それにも増して精神的なショックは大きいものです。特に年齢が高くなればなるほどその落ち込み具合は大きいといえるでしょう。それまで築いてきた社会的地位・価値観などが、自分の気持ちの中で崩壊してしまうからであると考えられます。それまで見えていたことを基準とするため、見えないと何もできないと思い込んでしまうのです。ある程度の年齢を過ぎて障害を負った場合、多くの人は「自殺」を考えるといわれます。眼科医から失明の告知を受けても信じがたい、信じたくないと思う自分がいます。そのためにドクターショッピング（医療機関をいろいろと回ること）を行うのです。

2　失明が落ち着いたら

　　見えない状況が落ち着くと、感情表現が乏しくなり、環境から孤立しがちです。これが進むと感情の麻痺やうつ状態になってしまうこともしばしばみられます。この時期は「立ち直りの時期」ともいえますが、その期間は人それぞれで決まっているわけではなく、数日から数年かかることもあります。人それぞれの考えなどで、この期間が短くなったり長くなったりするのです。

3　再出発に向けて

　　中途視覚障害者が、再び社会との接点を設けようとした場合、周囲の人、それも同じ視覚障害のある仲間、特に視覚障害者団体が重要な位置を占めるようになります。自分自身に自信をもち、仲間がいて自分は一人ではないとの気持ちをもつためには、同じ視覚障害のある仲間や視覚障害者団体の存在は重要であるといえます。

　　同じ障害のあるもの同士、つらい立場や経験を共有することは、立ち直りや障害の受容に関して必要な要素となります。自分と比較して、障害の重い人の努力や、行動、生活が参考になることが多いからだといわれます。また、晴眼者が励ますのと、視覚障害者が励ますのとでは、前者の場合、同じことを言っても受け入れられることが少ないようです。後述しますが、同行援護従業者は少し距離を置いて接することが大切なのです。

3 職場での心理

　　視覚障害のある人の仕事とは、どのようなものがあるのでしょうか？　なかには「見えないから仕事は無理だ」と言う人も少なくありません。ここでは、

視覚に障害のある人の仕事やそれに関する心理について記述します。

1 視覚障害者の職業

　視覚障害者の仕事には、自営業と就労とがあります。なかでも古くから視覚障害者が行っているのは、あん摩・マッサージ・指圧業と、はり、きゅうが多いといえます。特に先天性視覚障害者の場合は、この業種に就く人が多いといえます。さらに、自営業だけでなく就労として病院マッサージやヘルスキーパーなどの職種に就く人も少なくありません。しかし、最近ではこのような企業などに就職できるチャンスも少なくなっているのが現状です。

　自営業で問題となっているのは、開業しても仕事が少ないということです。これには3つの問題点があります。1つめは違法業者の乱立で、無免許・無資格で営業する者が多いこと。2つめは晴眼業者の出現であり、免許をもった晴眼業者が、車などの機動力を活かして至るところに出張してマッサージなどを行っていること。3つめは視覚障害者個人の努力が足りないこと、などがあげられます。

2 就労現場での心理

　ここでは、自営業ではなく、就労現場ではどのような状況かを記します。会社などにおいて必要となる資料は、どうしても紙のものが多くなり、視覚障害者は「他人の目を借りる」ことが多くなります。そのときに、見てもらうことが当たり前と考えたり、頼もうとする人が今何をしているかを考えずにやってもらおうとする場面があります。これは、同僚が何をしているかわからないために起こることであると考えられます。また、遠慮しすぎて頼むタイミングを逸したりすることもあります。近年では、公的機関だけでなく民間企業においても「合理的配慮」の提供が進んでいますが、なかなか現実的に普及しているとはいえない状況です。

3 就労継続における問題

　仕事をしているときに、視覚障害になる場合があります。徐々に見えなくなってくる場合や、事故やけがなどで一気に見えなくなる場合など、その状況によって周囲の人のとらえ方が異なります。事故やけがなどの場合、視覚障害者本人が説明することができたり、障害を負うまでの過程が知られていることから、周囲の人の理解が得やすいということがいえます。しかし、徐々に進行する場合は、周囲の人の理解が得られるかどうかについて、重要な問題があります。

本人も見えにくくなってきたことを伝えることを拒んだり、言いにくかったり、職場の環境や、その人の地位・立場などによって難しいといえます。

さらに、視覚障害者が「生活視力」があると見えるように思われるため、なかなか配慮してもらえないなどの問題が出てきます。最近では、「合理的配慮」としてスクリーンリーダーを入れてもらうことや、人的な支援を行うなどの配慮が少しずつ行われてきていますが、なかなか思うようには進んでいないのが現実です。就労継続をするためには、目の状況を理解してもらうことが重要といえます。

4 障害の受容（*）

一口に「障害の受容」といっても、その置かれた環境によって大きく異なります。そのため、さまざまな状態の中でどのような状況になるかを記載しました。なお、これはあくまでも例示であり、人それぞれであることをあらかじめ知っておくことが必要です。

1 先天性視覚障害の場合

先天性視覚障害者の場合、特にどの時期に障害を受容するかは明確には判断しにくいといえます。もともと見えなくなった時期にも左右されることが多く、どの年齢での障害かは受容に際して重要になってきます。今までの例ですと、その大半は、社会に出てから大きく周囲の人と違うことを理解し、そこで自分の障害を見つめ直すことになります。最近では、統合教育などによって、保育園・幼稚園の幼児期や小学生の時期など早期から「晴眼者」と接する機会が多くなっています。だからといって、障害を受容しているといえるかどうかは難しいといえます。

2 中途視覚障害の場合

中途視覚障害者は、障害の受容ができるかどうかが人生の分かれ道になるといっても過言ではないでしょう。どのくらいの年齢で視覚を失ったかによって、受容するまでの期間が異なります。小学校に上がってから、思春期前後、成人してから結婚するまでの間や、結婚してからまたは子どもが生まれてから、そしてある程度社会的な地位を築いてからなど、これらのうちのどの年齢で見えなくなったかが重要となります。見えなくなった時期により、受容するまでの期間が異なるといえるでしょう。

障害を受容している人は、今までの自分と比べて「見えないだけで、あとは普通」と言ったり、「汚いものが見えないのでちょうどよい」「人間の真実がわかるようになった」と言ったりします。これは、強がりや悔しさでもなく、自然に考えられるようになったためであると考えられます。

前述のように、障害を受容する時期は人によってさまざまです。社会適応訓練や生活訓練などを受けて自分に自信をもてるようになると、少しずつ受容できてくる場合が多いのです。ところが、この訓練は、なかなか受ける機会が少なく、その多くは病院から直接在宅での生活をおくることになってしまうのです。

最近では「スマートサイト」という仕組みができて、病院から在宅になる途中で、眼科医から教育機関や福祉施設などに引き継ぐような動きも出てきています。

このような中途の視覚障害者に対して、同行援護従業者として特に配慮すべき点は、他の視覚障害者と比較しないことです。心理状態は視覚障害者個々で異なりますので、「○○さんはがんばっているわよね」「あなたもがんばらなきゃね」などと不用意に発言することは控えるようにしましょう。また違う視点からみると、白杖を持てるかどうかがあります。はたから見ると簡単に白杖を持てそうですが、当事者になると簡単には持てないのが現状です。

5 家族の心理（*）

「家族」と一口にいっても、親、配偶者、子では障害に対する受け止め方が異なることが多いのですが、家族の障害の受け入れが早ければ早いほど、視覚障害者の社会参加は早まるといえます。

①子どもの場合

先天性の視覚障害のある子がいる親の場合、見えないことをしっかりと認めている場合も多いのですが、反面、理解の少ない親の場合、過保護になり過ぎ、自立を阻害するケースもみられます。このケースの場合、親が子に対して「不憫だ」「自分のせいだ」などと親が自分を責める場合も少なくありません。

家族から「うちの家系にこのような子はいなかった」などと心ないことを言われ落ち込む場合も多くみられます。

②配偶者の場合

配偶者が視覚障害になった場合、家庭が危機的状況になり、離婚するというケースも見受けられます。またこれに反して、献身的に尽くし、自立に向けて精神的・経済的支援を行う場合も少なくありません。

どちらの場合も、障害に対する理解が少ないために起きることであり、正し

い障害の理解が求められるのです。

③親の場合

　ある程度の年齢を過ぎてから親が障害を負ったときは、子どもたちが比較的理解しているケースが多いといえます。それは、現代の教育において視覚障害を教材として取り上げていることもあり、障害への理解が進んでいるからかもしれません。

6 視覚障害者の人間関係 (＊)

　視覚障害者といっても、さまざまな環境の中で生活しているため、一概に人間関係を表すことは難しいのですが、それぞれがどの時期に視覚障害を負ったかなどは、重要な要素となります。

1 先天性視覚障害者の人間関係

　先天性視覚障害者の人間関係は、特別支援学校などの限られた空間で長年にわたって生活するため、家族のような感覚で他の人にも接する傾向があります。そのため、特別支援学校を卒業した人は仲間であり、それ以外の人については一線を画す場合が多くみられ、中途視覚障害のグループと確執が生まれることもあります。しかし、何かのきっかけで関係ができると、絆が強くなることが多くあります。

2 中途視覚障害者の人間関係

　失明直後では、視覚障害という肉体的な打撃と精神的な打撃をも被ることになるため、他人との関係を閉ざす傾向があります。その場合は、あまり積極的に働きかけを行うのではなく、見守りながら少しずつ関係をもつようにすることが重要です。相手の気持ちに配慮して関係をもつことが必要なのです。

　精神的に落ち着くと、周囲からの働きかけに対応できるようになります。周囲の人、それも同じ視覚障害のある仲間や同行援護従業者に対して心を開くときがあります。そこからが重要です。相手に信頼されることが人間関係を良好にする要素といえるのです。

3 視覚障害者との人間関係

　同行援護従業者として、どのように視覚障害者との人間関係を保つかという

ことは、難しいことです。視覚障害者と接する期間が長くなると関係が良くなり、「相談相手」として認識されるとともに「仲間」として考えられるようになります。しかし、時として「見えない人の気持ちがわかっていない」などと言われ、傷つくこともあります。これは視覚障害者の一時的な感情だったりするのですが、本質的に「違い」がわかってもらえないジレンマだったり甘えだったりするのです。これを理解して関係をもつことが同行援護従業者として重要です。

　視覚障害者から相談を受ける同行援護従業者はなかなかいません。相談を受ける場合は、視覚障害者が同行援護従業者に対して絶大の信頼を置いているからであり、守秘義務を守っているプロとしての証であるといえます。同行援護従業者は、少し引いて構え、懐を広くすることが大切です。

第5章 情報支援と情報提供

　同行援護の業務内容として「移動時及びそれに伴う外出先において必要な視覚的情報を提供する」ということが、厚生労働省「障害保健福祉関係主管課長会議（平成23年6月30日）」の資料に明記されました。これはほかの障害者のサービス類型にはないサービスであり、視覚に障害があるがゆえに必要とされるサービスです。ほかの障害のある人たちは視覚的情報を取得する能力があるため、このサービスの必要性は低いのです。

　視覚障害者は眼から入ってくる情報が少なかったり、あるいは眼からの情報が全くなかったりするために、同行援護従業者などの見える人からの情報に頼ることになります。そのため、同行援護従業者が伝える情報は、主観的・感情的にならず、眼からの情報を客観的に伝える必要があるのです。

　視覚的情報の提供とは、同行援護従業者が視覚障害者の眼になり物や状況を見て、言葉で伝えることです。視覚障害者がどのような情報を求めているのかを見極め、またその情報によって本人が自己決定できるように、言葉での情報支援をします。視覚障害者が求める情報の提供をするわけですから、同行援護従業者の勝手な判断での情報提供であってはなりません。

　その際、周囲の状況を理解し、声の大きさや内容に配慮することも大切です。いくら伝えることが大切でも、周りから注目されるような大きな声で説明することは、視覚障害者が恥ずかしい思いをすることはもちろんのこと、周囲の人たちにも不愉快な思いをさせることになってしまいます。さらに話している内容は個人的な事柄であり、他人に聞こえるようなボリュームでの情報提供であってはなりません。

　このように単に視覚障害者に視覚的情報を伝えるだけでよいというのではなく、細心の注意が必要になってきます。

　それぞれのニーズに応えられるようにしていきましょう。

1 言葉による情報提供の基礎

　視覚障害者に対する情報提供には、言葉による情報提供と同行援護従業者の体の動きから伝わる情報提供があります。

　言葉による情報提供の基礎となる考え方は、以下のとおりです。

①移動中の情報提供は、見えるものや状況は、原則としてすべてを言葉にして

伝えます。ただし、視覚障害者一人ひとりで希望する情報は違いますので、必要に応じた情報提供を行うよう心がけることが大切です。しかし、安全面に関する情報は、視覚障害者が希望しない情報であっても、同行援護従業者が「伝えるべき情報」として意識しておくことが大切です。

②外出から帰宅まではさまざまなことに遭遇したり、状況の変化があったりします。同行援護従業者は、それらの状況を的確にわかりやすい言葉で、タイミングよく伝えなければなりません。また、若者が使う短縮語や流行語で情報を提供しても、通じないこともあります。言葉の候補をいくつか用意し、反応がない場合は言葉を置き換えて説明をするなどの工夫が必要になってきます。説明がくどくならないように気をつけましょう。いろいろな情報を伝えることが業務の１つですから、同行援護従業者は、歩いている際には広い範囲・遠いところの情報も取得するようにしましょう。

③視覚障害者にとっての一番大切な情報は、安全に移動するために必要な情報です。二番めに大切な情報は、移動中の周囲の状況やランドマーク（目印）など、視覚障害者のメンタルマップづくりの手助けになるような情報です。三番めに大切な情報は、快適な外出を手助けするような情報です。その他、意思決定するための選択肢としての情報も必要です。

④「状況説明」と一口にいっても、一朝一夕でできるわけではありません。日頃から、さまざまな同行援護での場面を想定して、状況説明の練習をしておくとよいでしょう。

2 移動中の口頭による情報支援

移動中の口頭による情報支援で忘れてはならないことは、以下のとおりです。視覚障害者が不安に感じたり、怖い思いをしない、また、歩き方を変える時など的確な情報提供をするように心がけましょう。

①移動中の道路では、状況の変化があった時には情報提供が必要になります。その中でも一番大切なことは、安全面に関する情報です。舗装道路、コンクリート、砂利道、土、石畳、芝生、草の生えたところなどの道路の素材や、でこぼこ（凹凸）やくぼみの状態など、路面の状態が変わったら情報を伝えます。また、水たまりや落ち葉の状態、ぬかるんだ道、道路上に引かれた白線・横断歩道のペインティングされている部分、溝蓋（グレーチング）や線路などの金属素材の物などは足を滑らせたり、転んだりする可能性があるので、忘れずに伝えましょう。グレーチングの溝の幅によっては、白杖がはまり込んでしまうこともあります。「グレーチングがあります。杖を上げてください」などの言葉かけが必要です。

②歩いている最中には、小さな段差（横断歩道から歩道に上がる2cmの段差）やアップダウンの続く歩道、上り下りのスロープ、敷居などの段差の情報提供が必要になります。配線コード類やホースなども、場合によっては段差になります。小さな段差でも、人によっては情報提供が必要になってきます。なかには小さな段差の情報がいらないという視覚障害者もいますが、同行援護従業者が「そこに段差があること」を意識しておくことが、安全に移動するためには重要な事柄といえます。また段差のあるところでは「上がる・下りる・またぐ」の情報も忘れてはならないことです。特に下りの場合は、情報提供を忘れたことで膝や腰を痛めることもありますので注意しましょう。

　曲がり角では、曲がる方向（右・左）を伝えます。時々左右を言い間違える同行援護従業者がいますが、情報と動きが逆になってしまいますので、方向を伝えるときには気をつけましょう。

③歩行の際には、「放置されている自転車」「違法駐車の車」「歩道にはみ出た商店の看板」「陳列された商品」「植木鉢」など、障害になるものも伝えます。同行援護従業者は障害となるものをよけて通るのですが、場合によっては白杖が障害物に触れてしまう場合もありますので、言葉がけは必要になります。その際に「気をつけてください」など、視覚障害者に気をつけさせるような言葉がけはしないように心がけましょう。

　また、街路樹や伸びた木の枝、看板、ワゴン車など車高の高い車のサイドミラーなどには十分注意が必要です。これは同行援護従業者と視覚障害者に身長差があった場合などは、特に気をつけなければならない情報です。お店に入るときののれん（布のれん・玉のれん・縄のれん等）や、低めの鴨居などの情報も提供するようにしましょう。

　街路樹や歩道橋の下、トンネルの中などに差しかかった時には、急に明るさが変わります。その際には「街路樹の下を通りますので暗くなります」「トンネルを抜けましたので明るくなります」など、周囲の明るさの情報も伝えるようにしましょう。

④道路の幅や車の通行量、歩道の有無（確立された歩道・白線の歩道・歩車道の区別のない道路）や、歩行者の混雑度、自転車の接近、車の接近など、前方や左右の状況だけではなく、後方からの情報確認も必要です。

　視覚障害者用誘導ブロックの有無（その上を歩くか否かは視覚障害者の意向を確認します）、側溝やL字溝、歩道にあるU字の車止めなどの情報も必要です。このように視覚障害者と歩くときには、安全面に対する細かな情報が必要になってきます。

　歩くときの情報提供は一朝一夕ではできないため、一人で街を歩いているときなどに、シミュレーションを行うなどの練習が必要です。

⑤メンタルマップをつくるためには、目的地までの道順の情報提供も必要です。

道路や交差点の名前（環状7号線、国道16号線、○○通り、○○小学校前など）や曲がり角にあるパン屋さん、目標となる大きな建物、公共施設、交番、新しくオープンした店、自動販売機、常に音が出ているもの（エアコンの室外機）など、次回以降に視覚障害者がその場所を訪れたときの手がかりになるように情報提供をします。「3回歩いたら、次は一人でも歩けるくらいの情報提供をしてほしい」と、同行援護従業者に的確な情報提供を求める視覚障害者もいます。また、視覚障害者誘導用ブロックが敷設されている道路や、点字の説明、触地図、音響信号、音声信号など、視覚障害者にとって場所を特定できる目印となる情報提供は必須です。

⑥さらに、快適な移動をするためには、空の色や左右の壁、垣根・塀の状態、咲いている花の色や名前など、季節の変化に関することや、気象状況に関することなどの情報も提供しましょう。

弱視（ロービジョン）の人には、コントラストのはっきりしたものの情報（コンビニエンスストアの看板など）を伝えるとよいでしょう。

3 状況や場面別での情報提供

同行援護で出会う状況や、場面ごとの情報提供については以下のとおりです。

①交通機関の情報では、駅の電光掲示板（乗り場、電車の種別、行先、発車時刻、車両数、備考などの電車情報や電車の遅延理由、他社線情報など）、ホームでの混雑情報、待っている場所からの電車やバスの車内情報、乗車中の窓から見える風景などの情報も伝えます。

②デパートやスーパーマーケット、商店などでの買い物のときには、生鮮食品では値段はもちろんのこと、新鮮度や大きさ・産地などの情報、店内の張り紙やポスターの内容などの情報提供も必要です。同行援護従業者が情報提供しないと、そこにポスターが貼ってあることも情報として入ってこないのです。

③食事をするために店に入った場合などには、店内の様子や座席の配置、メニューや値段、配膳の説明などが必要です。声の大きさなど他の人への配慮も忘れないでください。

④自宅の近くを歩いているときなどは、看板や地域の掲示板などの情報、工事の予定や現在進行形の工事現場などの情報、新規開店の店などの情報も伝えます。

⑤会議や集会に参加した場合は、会場の広さや室内の様子、司会者や座長・議長の位置、すでに着席している人、入室してきた人、参加者の服装や特徴、関係者や知り合いなど、座席の配置、座る位置の確認、自席周辺の人の情報

などを伝えます。

⑥スポーツ観戦に行ったときなどは、来場者の人数や性別、年齢層、応援団などの観客の様子、試合中の状況などの説明もします。

⑦映画鑑賞や観劇などの場面では、副音声などが用意されている場合もありますが、用意されているときにも画面や場面の情報提供を求められる場合があります。副音声がない場合は場面や画面の実況中継をしますが、他の観客のじゃまにならないよう、声の大きさや、場合によっては座る位置などに十分配慮する必要があります。

⑧工場見学などでは、案内人の説明を聞きながら、状況説明など足りないところを補うようにします。案内人や周囲の状況をみて、声の大きさには配慮が必要です。

　どのような場合でも、視覚障害者がどのような情報を必要としているかを見極め、的確な情報提供をし、視覚障害者本人が自己決定をできるように心がけましょう。特にスポーツ観戦や映画鑑賞・観劇などの場合には、同行援護従業者の情報提供によりいかに楽しんでいただくかが焦点になってきます。

第6章 代筆・代読の基礎知識

1 代筆

1 代筆とは何か

代筆は同行援護先での代筆が対象になります。

代筆とは基本的には、視覚障害者本人に代わって書くことをいいます。代筆を行うときに同行援護従業者が自分の意思をもちこまないことが原則です。代筆する内容を正確に記入するように心がけましょう。

代筆を依頼されたときには、不用意に「字が下手なので……」「字が汚いので……」「眼鏡を忘れたので書けないのですが……」などの発言は控えましょう。

2 代筆の際の配慮

代筆は楷書（かいしょ）で丁寧に書くよう心がけます。誤字、脱字がないように細心の注意をはらうことも大切です。事前に代筆する書類に目を通し、記入する項目や注意書きなどの確認や、場合によっては下書きをすることも必要です。下書きした際には、その取扱いにも配慮が必要になってきます。また、記入しなければならない項目を視覚障害者に伝えておくことも必要です。目を通す場合には、視覚障害者に対し「資料に目を通すのでしばらくお待ちください」などの言葉かけをしておきましょう。

項目が多いときなどは、読みながら必要事項を伝えるとよいでしょう。代筆しているときには、視覚障害者が進捗（しんちょく）状況を把握できるように工夫しましょう（「4　場面別代筆の仕方」を参照）。

また、住所、氏名などが明記されている身体障害者手帳や名刺などを準備してもらうとよいでしょう。それらがない場合には、聞き取りながら代筆します。声の大きさなど周囲への配慮を忘れないようにしましょう。

3 記入が終わったら

提出前に、記入漏れがないことを確認します。また、代筆した書類のコピーの要・不要、投函などの必要性を確認しましょう。

パスポートや一部クレジットカードの申し込みには本人が「自署」でサイン

をしなければならないときがあります。その際にはサインガイド（112頁参照）などを用意しておくと便利です。「自署」するときには同行援護従業者は、サインする箇所にサインガイドを合わせ、サインが終わるまで動かないように支援をします。

　公的機関の書類などの提出時には、本人が担当者に提出できるように支援します。同行援護従業者の持ち物としては、基本的にはボールペン、メモ帳は常に持っていくようにしましょう。目的地によってはシャープペンシル、ラインマーカー、辞書機能付きの携帯電話（会議や研修会等）、筆ペン（冠婚葬祭等）などを用意します。眼鏡がないと読み書きが難しい人は、同行援護に出かける際には、代筆が業務の中にあるということを意識して忘れないようにしましょう。

4　場面別代筆の仕方

❶ 公的機関での各種書類の代筆時の注意事項

①窓口に書類を提出に来たのは、視覚障害者本人だということを十分認識しておく必要があります。公的機関の書類には「代理人」「窓口に来た人」などの記入欄があります。「代理人」と「代筆」の違いをよく理解しておきましょう。

②身体障害者手帳や名刺など、氏名や住所が記載されているものを前もって準備してもらうと、記入の際に便利です。それがない場合には、本人から聞き取りながら記入をしていきます。

③個人情報が漏れないように細心の注意をはらう必要があります。しかし、記入しているときには、進捗状況が本人にわかるように工夫します。例えば、小声で耳うちしながら記入したり、○○市○○町のように周りの人に聞こえても差し障りのない部分だけ声に出しながら記入したりするなどです。また、誤字、脱字のないように気をつけましょう。

④書類に「記入の際の注意事項」などが記載されている場合は、視覚障害者に断ってから先に目を通しておきます。

⑤捺印が必要な場合は、視覚障害者に印鑑を借りる前に、項目や何か所に捺印が必要かなどの情報提供をするようにしましょう。

⑥提出前に記入漏れがないか、再度点検しましょう。

⑦担当者に書類を提出するのも視覚障害者本人です。担当者が見やすい方向で渡せるように視覚障害者に手渡します。受付窓口に進むときには、視覚障害者本人が担当者の正面に立つように位置取りします。窓口担当者からの質問や声かけが視覚障害者本人にできるように配慮します。

⑧同行援護従業者は2～3歩後方に下がり、対応している人から目線をそら

します。その際、視覚障害者には必要なときに声をかけてもらうように話しておきます。

⑨同行援護従業者は、視覚障害者と相手とのやり取りをさりげなく見守ります。視覚障害者から援助を求められたときには、すぐに対応できるようにしておきましょう。

⑩視覚障害者と相手の用務が済んだら、視覚障害者に近づき声をかけます。

❷ 銀行での代筆

①窓口では金融機関の係員と視覚障害者本人が行うのが基本ですが、誰に代筆を頼むのかは視覚障害者の意思に従いましょう。

②同行援護従業者が代筆を行う場合は、誤字や脱字に細心の注意をはらう必要があります。特に、口座番号や金額、口座名は、間違えると再度手続きが必要になる場合もありますので気をつけましょう。

③印鑑を借りて捺印する場合は、どの項目に、何か所押印するかの情報提供も必要です。終わったら速やかに返却しましょう。そのとき、視覚障害者が印鑑を入れた場所をさりげなく見ておきます。

④間違いや勘違いをなくすためにも、お金の出し入れはできるだけ第三者（窓口担当者や銀行スタッフ）がいるところで行うのがよいでしょう。

⑤知り得た情報に関しては決して口外してはいけません。守秘義務を守りましょう。

❸ 宅配便などの送り状

　同行援護は移動時および外出先が対象となりますので、自宅内でサービスの提供はできません。自宅での代筆代読は、通常業務に支障のない常識的な範囲であれば、居宅介護サービス（ホームヘルパー）で提供可能とされています。この原則に立って、次のような点に配慮します。

①送り先と送り主の郵便番号、住所、電話番号、氏名が記載されているものを準備してもらいます。

②送る荷物の品名などについても、わかる範囲で聞き取り、記入します。

③着日、着時間など、指定があるような場合は記入します。

④宅配便の担当者とのやり取りは、視覚障害者本人が直接できるように配慮します。

❹ 病院での代筆

①代筆することについて、あらかじめ視覚障害者から了解をとっておきます。

②初診の場合は、診察申込書を代筆します。

③氏名、住所、連絡先などは、明記されているものを借りて記入するか、視覚

【問診票例】

◯◯科問診票

★この問診票は、今の健康状態を知り、診察をスムーズにするためのものです。正確にご記入ください。

(1) 氏名　　　　　　　　　　　　　　　　　　　　　•年齢　　　歳　•体重　　　kg

(2) 今日は、どのような症状で来院されましたか？　◯をつけてください。

1.　•頭が痛い　　•めまいがする　　•ふらふらする　　•耳鳴りがする
2.　熱がある　　　　　　度　　　分
3.　のどが痛い
4.　•咳が出る　　•たんがでる　　•ぜいぜいする　　•息苦しい
5.　胃が痛い
6.　胸が痛い　　•しめつけられる痛み　　•重苦しい
7.　•吐き気がある　　•吐いている
8.　おなかが痛い
9.　下痢をしている
10.　血の混じった便
11.　血の混じった尿
12.　便秘している
13.　健康診断
14.　その他

(3) いつ頃からですか
　　　　　月　　日 又は　　年　　月頃より

(4) 今まで同じ症状で他の病院にかかったことがありますか？
　　•はい　　　　•いいえ

(5) アレルギーといわれたことがありますか？
　　•はい　　　　•いいえ

(6) 他の病院よりの紹介状等をお持ちですか？
　　•はい　　　　•いいえ

<◯◯病院　外来>

障害者から聞き取りながら記入をします（声のボリュームや個人情報には十分配慮しましょう）。

④受診理由や問診票は、本人から聞き取りながら事実だけを記入し、同行援護従業者の考えや意見は入れてはいけません。また、インフルエンザの予防接種などの問診票には、自筆でのサインを求められる場合があります。その際には医師に代筆してもらうこともできますので、医療機関の人に相談しましょう。

⑤受診理由などは非常にデリケートな問題であり、プライバシーにもかかわることです。視覚障害者が答えたくないような微妙な項目に関しては、医療機関の人に代筆してもらうのも1つの方法です。

❺ アンケート用紙の記入の仕方

①何に対するアンケートなのかを最初に説明します。

②始める前にアンケートの全体の質問数を話しておきましょう（質問の数がわからないと、たくさんの項目がある場合、いつまでこのアンケートは続くのだろうと不安になる人もいます）。

③視覚障害者が答えやすいように代読し、答えた内容を正確に記入しましょう。同行援護従業者の意見が入ることがないように気をつけましょう。

④項目が多い場合などでは、途中で答えるのが億劫になる人もいますが、励ましながら最後まで答えられるよう支援をしましょう。

❻ 冠婚葬祭時の記帳

①記入するものは「祝儀袋」「香典袋」、氏名、住所の記帳などがあります。

②あらかじめ、氏名、住所などを書いたものを準備しておくと記入するのに便利です。

③会場には筆記用具が用意されているところが多いと思いますが、筆ペンなどを持参しているとより安心です。

④楷書で丁寧に記入しましょう。

❼ 手紙、年賀状、暑中見舞いなどの宛名

①宛名の代筆は、誤字や脱字に細心の注意をはらい丁寧に書きます。

②郵便番号などの記入漏れがないように心がけましょう。

❽ 会議などでのメモ

　会議などでは、内容のメモを取る場合も出てきます。要点を簡潔にわかりやすくメモを取ります。また、誰が見てもわかるように整理して書くことが必要です。資料などがある場合には、主宰者に墨字（視覚に障害のない人が読んだり書いたりする文字のこと）の資料を手配してもらい、内容を把握し、必要なメモを取ります。場合によってはパワーポイントなどによる説明もあります。要点をメモに取りましょう。

5　代筆をしないほうがよい場合

　金銭の貸し借りの借用証等、小切手や手形などの現金の代わりとなる仕組みの物、土地の売買などの契約書などの代筆は控えるようにしたほうがよいでしょう。

2 代読

1 代読とは何か

　代読とは視覚障害者の眼の代わりになって読むことです。同行援護従業者が勝手な解釈や感情を入れて読むのではなく、書いてある内容が正しく相手に伝わるように読むことが大切です。「言葉がはっきりと聞き取れる」読み方を心がけることが重要であり、一所懸命に読んでも相手に伝わらなければ、それは代読ではありません。

　聞いていて抵抗がない、自然に聞こえる読み方をすることが聞き取りやすい読み方となるのです。書いてあることを的確に読むことがもっとも大切になってきます。特に、漢字の読み方を間違えてしまうと内容が正確に伝わりません。読み方のわからない漢字は、調べるようにしましょう。また、文中で文字の大きさが異なるもの、強調する記号がついているもの、文字の色が変わっているものなども正確に伝えましょう。

　代読の方法は読む物、内容によっても異なりますが、タイトルなどの大枠から、項目、内容へと読んでいきます。視覚障害者にどのような方法で読むか確かめるのも1つの方法です。中にはすべての情報を読んでほしい人や項目だけを読んでほしい人など、いろいろな希望があります。

2 何を読むか

❶ 郵便物（手紙）

　代筆と同様に、同行援護は移動時および外出先が対象となりますので、自宅内では提供できません。自宅での代筆代読は、通常業務に支障のない常識的な範囲であれば、居宅介護サービス（ホームヘルパー）で提供可能とされています。この原則に立って、次のような点に配慮します。

①まず、どこから届いたのかを伝え、本人にとって読む必要のある郵便物か否かの選別をしてもらいます。

②必要な場合は封を切り、内容を代読します。必要のない場合の処理方法は、視覚障害者本人に確認しましょう。

❷ 公文書・金融機関の書類

①役所や金融機関などからの書類は、どこの課から送付されたのかを伝えます。例えば障害福祉課、市民税課のように、封筒の表に記載されている名称を伝えます。

②内容も読んでほしいと言われたら、中の書類の内容を代読します。

③場合によっては個人情報が記載されていることもあります。知り得た情報は漏らしてはいけません。

❸ 会議や研修などでスクリーンにうつされた映像

①パワーポイントやスクリーンなどにうつされた映像は、客観的な表現で伝えます。同行援護従業者の考えなどを加えることがないよう心がけてください。図や表の説明は、まず伝えたいポイントを同行援護従業者がつかむことが大切です。

　最初に項目を読みます。一般的には、左から右へ、上から下へ（または下から上へ）向かって読みます。円グラフなどは、数値の大きいものから読みます。また、タイトルや説明文を読んだあと、表の主な数値だけを読んだり、グラフの大まかな傾向などを伝える方法や、タイトルや説明文を読んで、グラフや表の数値を詳しく読む方法もあります。どの方法がよいかは本人に確認しましょう。

②写真などの映像は記載されているタイトルや説明文を読み、どのような写真や映像か説明をします。

❹ 会議や研修会の資料

①資料の種類や数を伝えます。
②個々の資料の内容を大まかに伝えます。
③本人が読んでほしい資料を聞きながら読んでいきます。

❺ 請求書、レシート、領収証

①請求書や領収証は、どこの何に対する請求書や領収証かを伝え、次に金額を伝えます。請求書に支払い方法が記載されている場合は、それも伝えましょう。
②レシートはその人によって読んでほしい情報が異なりますが、一般的には購入物品と金額、合計金額を代読します。

❻ 消費期限や賞味期限

　視覚障害者が読んでほしいと希望する情報の中で一番多いものです。消費期限はその年月までは「安全に食べられる」という期限を示しています。賞味期限はその年月までは「品質が保たれ、美味しく、安全に食べられる」という期限を示しています。記載されている年月日を正確に伝えましょう。

❼ 広告やチラシ

　原則的には、大まかな項目から詳細な項目の順に読んでいきますが、例えば

デパートの物産展などのチラシは、どこのデパートで、どのような内容のものかを伝え、読んでほしい項目を聞きながら伝えていきます。値段も忘れないように伝えましょう。中にはチラシの隅から隅まで読んでほしい人もいます。どのような方法で読むかを聞いておくことも大切です。

❽ 取り扱い説明書

　電気製品などは、製品の前で視覚障害者に触ってもらいながら読むと理解しやすいでしょう。部品名などの説明がよりわかりやすくなります。また、スイッチやボタンの場所などはイメージしやすいように順番に説明することも大切です。

　しかし、同行援護従業者は視覚障害者の自宅内での支援はできないので、電気店の店頭などで、商品のパンフレットなどに記載されている内容を、同行援護従業者が代読しながら本人に確認してもらうこともあります。製品の専門的なことに関しては、電気店のスタッフなどに説明を請うこともあります。

❾ 買い物先での商品情報

①特売品や店頭の広告など目に入ってくる情報は読みましょう。

②衣類の場合は、価格や、素材、基調になる色、模様、ワンポイントの位置、クリーニングの仕方などを伝えましょう。

③食品などは、製品の材料、価格、見た目の鮮度、賞味期限、消費期限などを伝えます。手にとって触れられるものは本人に確認してもらいます。

3 自ら署名・押印する方法など

　どうしても視覚障害者が自筆で署名しなければならない場合があります。パスポートの申請時や、場合によってはクレジットカードの申し込み時にも自筆署名が求められることもあります。

　その場合はサインガイドなどを使用し、署名する項目欄の枠組みを決めると署名しやすいようです。同行援護従業者はサインガイドなどを枠のところに置き、動かないよう支援します。

4 点字、音訳の基礎

1 点字の基礎

❶ 点字の概要

点字は 1825 年、フランスのパリ訓盲院の生徒であったルイ・ブライユが 6 点式点字を考案しました。その後、1890 年に東京盲唖学校の石川倉次（いしかわくらじ）（1859～1944 年）が考案した点字が、日本点字の基礎となりました。

❷ 点字の構成

点字は視覚障害者が主に指を使って読んだり、書いたりする文字をいい、その対語として晴眼者（視覚に障害がない人）が主に目を使って読んだり、書いたりする文字を「墨（すみ）字」といいます。さらに墨字の文や資料を「点字」にすることを「点訳」といいます。

点字の 1 つの単位をマスといい、縦 3 点、横 2 点の計 6 点の組み合わせで構成されています。

点が出ている凸面（読み面）から見ると、1 つのマスは①〜⑥の点で示され、この連続で点字が成り立っています。

点がへこんでいる凹面（書き面）から見ると、読み面とは逆に次のようになります。

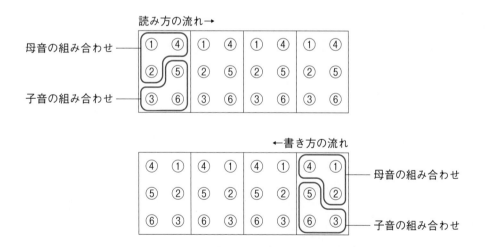

点字の五十音は、基本的にローマ字の構成と似ています。

母音は①②④の点の組み合わせで、また子音は③⑤⑥の点の組み合わせによって構成されています。

❸ 点字と墨字

　点字は凸面（読み面）と凹面（書き面）が裏表となっているために、点字器で「点字を書く」場合は右から左に書き、「点字を読む」場合は、左から右に読むことになります。これは墨字が左から右に書き、同じく左から右に読むことから、「読む」ことに合わせているために右から左に書くことになります。点字は指で触れたところを触読する文字です。

　さらに、墨字は縦書きも横書きもありますが、点字には横書きしかありません。漢字仮名交じり文の墨字に対して、点字はかな文字体系であるために、言葉の区切り目を明らかにする必要があります。そのため、文節分かち書き（書くポイント 7-(4) 参照）という表し方をします。

❹ 点字を書く

　点字は点字器で書きます。標準型点字器（107 頁参照）は点字盤、点字定規、点筆からなります。紙のサイズはおよそ B5 判、マス数は 32 マスが標準で、両面書きです。

　携帯型点字器は主に、6 行、12 行書きがあり、簡単な点字練習器としても使え、定規と点筆からなり片面書きが多くなっています。

　その他に速く書く道具として、点字タイプライターがあります。

　点訳に関しては、パソコンの点訳ソフト（パソコンにインストールし、入力する点訳ソフトで、WIN-BES のほかに、自動点訳ソフト EXTRA などがあります）で点字データとして作成し、点字プリンターなどで連続用紙に打ち出したり、点字ディスプレイやスクリーンリーダーで読むことができます。

　ここでは実習で使用しやすい携帯型点字器での説明をします。

【書くポイント（携帯型点字器）】

1　紙のセット

（1）点字器は、連結部を左にして横長に持ちます。

（2）用紙を左側の連結部に沿うようにして、上部は約 2 〜 3 mm 出して間に挟むと 4 つの角にツメと言われる突起で紙を固定します。

（3）点筆は人差し指の第二関節を曲げたあたりで挟み、横から親指と中指で押さえます。

（4）力を入れすぎず、垂直に下ろして書きます。

2　点字は 1 つの点の違いで全く別の文字になりますので、確かめながらゆっくりと書きます。

3　間違えた場合は、紙を外し凸面（読み面）から点消し棒や点筆の平らなところで丁寧に点をつぶします。消したあとは指で触れて確認します。あるいは間違えたマスをメの字にし、さらに「メ」を続けて書くか、ひと続きの文字全部を「メ」の字にするなど「メ」が 2 マス以上続く状態にしてから、そのあとに正しく書き直します。

4 文章の書き始めや段落など行替えの場合は、3マス目から書き始めます。

5 ひと続きの文がその行に入りきらない場合は、区切り目から次の行に移動して1マス目から書きます。

6 行の最後のマスまで書ききり、行末にマスあけがなくても、行移動をすることによって、1マスあけまたは2マスあけしたものとみなしますので、行移動の場合には行頭でマスあけをすることはありません。

7 書き表し方のポイント

（1）かなづかい

①点字は現代かなづかいに準じて書き表します。

②次の2点は、現代かなづかいと異なった書き方をします。助詞の「は」「へ」は、発音するとおりに「ワ」「エ」と書きます。これは「音」を文字に変換したものが書き方となります。

例：「図書館へ」は「トショカンエ」となり、「私は」は「ワタシワ」となります。

③墨字で「ウ」と書く「ウ列」や「オ列」の長音は、長音符を使って書きます。

例：「数学」は「スーガク」、「八日」は「ヨーカ」となります。

（2）数字

①数符を前置し、4桁まではひと続きに書きます。「万」「億」「兆」などの位は、その発音をかなで書きます。

例：「12,345」は「1マン□2345」

②電話番号などは墨字のまま書きます。数字の間にはハイフンを使います。

③墨字で数字が使ってあっても、次の場合はかなで発音どおりに書きます。

• 数量や順序の意味が薄れた語
例：「二の腕」は「ニノウデ」

• 漢数字の形を表している語
例：「十字路」は「ジュージロ」

• 数字部分を和語読みする語
例：「二十歳」は「ハタチ」

• 人名や地名などの固有名詞に使われている語
例：「安八町」は「アンパチチョー」

（3）アルファベット

①外字符を前置して書きます。

②大文字は該当する文字に大文字符を前置します。

③一区切りの文字がすべて大文字の場合は二重大文字符を前置します。

（4）文節分かち書き

文節分かち書きを行います。

※文節とは、分かち書きの1単位で、「ネ」などを入れて読んだ場合に成立する単位のことです。

（5）複合語

1語としてのつながりが強い短い複合語や略語は、ひと続きに書きます。また接頭語、接尾語、造語要素と結びついている複合語もひと続きに書きます。

例：「朝夕」は「アサユー」、「全世界」は「ゼンセカイ」

（6）固有名詞

①人名は名字と名前を区切って書きます。

例：「織田信長」は「オダ□ノブナガ」

②人名に続く「さん」「様」「君」などは、人名を明らかにするために区切って書きます。

例：「石川倉次氏」は「イシカワ□クラジ□シ」

❺ 点字を読む

　凸面（読み面）を読むときは、おおむね人差し指の第一関節までの部分を1マスに当てます。左手で読む右手で読むなど、人によって違います。慣れた人であれば両手で読むこともできます。視覚障害者のための訓練では、一般的に書くことよりも読むことの難しさを訴える人が多くいます。

　点字は凸面（読み面）と凹面（書き面）が反対になり、混乱することもありますが、凸面（読み面）を読むようにします。点字に親しむと同時に点字の規則を覚えられます。

　とにかく、多くの点字文を読むことが上達への近道です。また、点がきれいに出ているかなどを確認します。

❻ 同行援護従業者における点字の利用

　支援中において点字が表示されている手すりやエレベーターなどの点字表示情報は、点字使用者にとって非常に大切です。同行援護従業者は点字表示に気がついたら「点字表示がありますよ」と知らせるとよいでしょう。

（1）どのような場所や物に点字表示がされているか

①駅の階段などの手すり

②駅などの触知案内板

③飲み物（お酒、ビール）などの商品表示

（2）同行援護従業者が点字を覚えて、メモなどにして書いてくれたら便利に
　　なると思われるもの

①買い物した食品などの消費期限、賞味期限

②レシート

（3）点字表示ではない表し方をしている商品

①牛乳パック（切り欠き）

②テレフォンカードなどのカード類（切り欠き）

③日本銀行券「お札」（点字ではなく、点が薄くなるので読みにくい）

④電話機（5などのボタン部分）

⑤シャンプー（ボトルの外側についているギザギザ）

2　音訳の基礎

❶ 音訳（音声訳）の概要

　書かれた文字を音声化することを「音訳（音声訳）」といいます。声に出して読むことですが、利用者にとっての眼の代わりとなって読むことが大切です。

　読み手の勝手な解釈や感情で読むものではなく、かつ上手に読むことでもなく、「正しく伝える、正しく伝わる」ように読むことが大切です。「読む」こと

は特別なことと考えがちですが、難しいことではありません。大切なことは「言葉がはっきりと聞き取れる」読み方を心がけることです。

さらに、書いてある文字情報を利用者に正しく伝えることです。一所懸命読んでも利用者に伝わらなければ、それは情報提供ではありません。聞いていて抵抗がない、自然に聞こえる読み方をすることが聞き取りやすい読み方となるのです。

また、話をすることは相手との情報交換です。文字情報を伝えるときも、書いてある情報を相手に伝える気持ちで読むことにより、伝わりやすくなります。

(1) 読む速さ

言葉がはっきりと聞き取れる速さにします。

(2) アクセント

音訳（音声訳）は共通語アクセントで読むことが望ましいですが、地域によってはローカルアクセントで読むことで伝わりやすいこともあります。

(3) 聴く

普段あまり意識しないのが、聞く（聴く）ことです。読むことは聞き取ることと同じだということを理解し、聴くことを鍛える必要があります。それには、人が話している声を聴く、あるいは自分が話している内容を録音して聴いてみることです。そうすれば聞きやすさや誤読など、そのときには気がつかないことに気づくはずです。

(4) 音訳（音声訳）のポイント

①辞書を使いこなす

最近は複数の辞書や辞典が入った電子ブックやインターネットでの検索が容易です。知らないことは調べる癖をつけましょう。

②漢字の意味を考える

漢字の読みは1つとは限りません。意味を理解する必要があります。

③漢字に関心を持つ

普段から言葉に関心をもち、耳から入ってきた言葉を漢字に置き換えることで覚えやすくなります。

❷ 音訳（音声訳）と墨字

文字情報を的確に読むことで利用者に情報が伝わることになります。特に「漢字の読み」は大切になります。どんなに読み方が上手でも、漢字を間違って読んでしまえば正確に伝わらないことになります。そのため、漢字を調べることは大切です。

また、文字情報によっては縦書きや横書きなどの変化があるものや、文字の大きさが異なっているもの、写真やイラスト、図・表、同音異義語、ルビ（ふりがな）など多種多様の情報があります。

　眼で見ればわかるものを音にして伝えることは容易ではなく、的確に伝えなければ意味を取り違えたりする場合があります。そのため、書かれていることを正しく、わかりやすく伝えるためには「配慮」が必要になります。配慮は、おおむね以下のものにまとめられます。

（1）写真、イラスト、挿絵への配慮

　主観的表現ではなく、客観的表現で伝えます。

①記載されているタイトルや説明文のみを読み、説明は省略する方法

②タイトルなどを読んだあと、ポイントを絞って簡潔に説明する方法

（2）図、表、グラフへの配慮

　伝えたいポイントをつかんでから音訳します。一般的に左から右へ、上から下へ（または下から上へ）向かって読みます。円グラフなどは、数値の大きいものから読むなどの配慮が必要になります。

①記載されているタイトルや説明文のみを読み、説明は省略する方法

②タイトルや説明文を読んだあと、表の主な数値だけを読んだり、グラフの大まかな傾向などを伝える方法

③タイトルや説明文を読んで、グラフや表の数値を詳しく読む方法

（3）活字符号（丸カッコやカギカッコ、疑問符など）への配慮

①音声で表現する方法

②「？」（ギモンフ）、「（　）」（カッコ、カッコトジ）など符号の名前を読む方法。また、「？」などは語尾を上げる読み方でわかる場合があります。カッコなどはピッチ（音の高低）を下げて読みます。

（4）ルビ（ふりがな）への配慮

①ルビを読んでからルビのつけられた語句を読む方法

②同じ語句が2度以上出てきたときは、

- ●ルビを読んでからルビのつけられた語句をそのつど読む方法
- ●ルビだけ読む方法
- ●つけられた語句だけ読む方法

などについて、あらかじめ決めておきます。

（5）同音異義語への配慮

　漢字は眼で見た状態だと意味がわかりますが、音声に変えると同じ読みの場合があります。多くの場合は前後の文章から判断できますが、ときには間違った情報が伝わることがあります。

①漢字の訓の読みで説明する方法

②その漢字を含む熟語で説明する方法

③漢字の偏や旁（つくり）で説明する方法

④言葉の意味で説明する方法

（6）注釈への配慮

①注釈が出てきた箇所で補足説明する方法。このときはピッチを下げて読みます。

②注釈が出てきた箇所に一番近い、区切りのよい場所で注を読む方法。このときはピッチを下げて読みます。

③注が章末や巻末にまとめて書いてある場合は、原本（原稿）どおり章末や巻末で読む場合と、聞き手が理解しやすいように、注が付いている語句に近く、かつ区切りのよいところに入れ込んで読む場合とがあります。

（7）数式への配慮

読み方によっては誤解を招くことがあります。

例：「2＋1/4」を読む場合「2 タス　4 ブンノ 1」と読んだ場合、2＋4 と解釈されることもあります。

正しく伝わるように「2 タス　ブンシ 1　ブンボ 4」、または「セイスウ 2 タス　ブンスウ　4 ブンノ 1」と読みます。

5 情報支援機器の種類

1 点字関連の機器

❶ 点字器

●標準型（図6-1）……標準型点字器は、点字盤、点字定規から構成されています。点字盤には、点字定規を固定するために左右9個の点字定規保持孔があり、点字盤の一番上の孔に点字定規を固定し、点字定規の窓枠に沿って上から点筆（図6-2）で押して点字を書きます。

点字定規は、上下2枚の金属板からなり、上の金属板には2行の窓枠があり、下の金属板には1つの窓枠に6つの凹点（メ皿）があります。点字用紙は、

図6-1　標準点字器

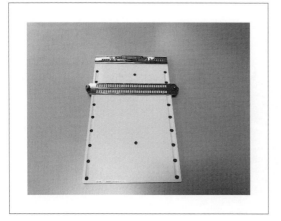

図6-2　点筆

この上下2枚の金属板の間に挿入します。標準点字器は、1行32マスが一般的ですが、30マス、37マスのものもあります。

● 携帯型（図6-3）……携帯用の簡易点字器のことを携帯型点字器といいます。携帯型点字器は、プラスチック製、真鍮製、アルミ製の3種類の材質があります。携帯用であることから、標準型点字器とは異なり、行数やマス数が少なく、4行32マス、5行17マス、6行30マス、12行30マスなど、用途によって選べます。

図6-3　携帯型点字器

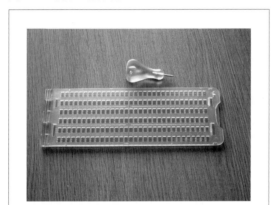

❷ 点字タイプライター

点字タイプライター（図6-4）は、点字器と同じように点字を書くための補助具です。点字器が1マスの1点を書くのに対して、点字タイプライターは、1マス分ずつ同時に書くことができます。つまり点字タイプライターは、1の点と2の点を同時に書くことができます。そのため、点字を書く作業が効率

図6-4　点字タイプライター

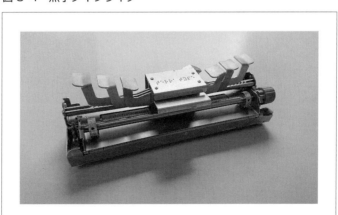

的になります。

❸ 点字ディスプレー

点字ディスプレー（図6-5）は、コンピュータを使って点字を処理するときに使われる点字表示装置です。入力キーが付いており、単体でも点字の読み書きが可能です。コンピュータに点字を入力すると、点字表示部に点字に対応した点が突出し、点字を読み取ることができます。点字による文書作成や編集に役立つとともに、点字によって作成された文書を読み取ることもできます。点字表示部の機能は1行の表示となり、6点式と8点式があります。点字ディスプレーの製品によって、14マス、16マス、20マス、32マス、40マス、80マスなど各種あります。

図6-5　点字ディスプレー

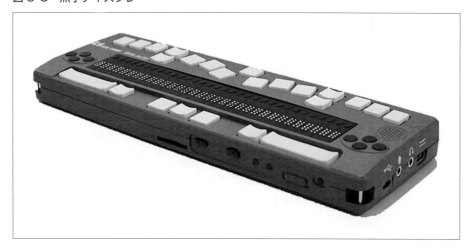

❹ 点字プリンター

点字プリンターは、コンピュータによって作成された点字文書などのデータを点字として紙に印刷する装置です（図6-6）。機能的には、高速印刷の可能なもの、両面同時印刷、点図の作成ができるものなどがあります。

2　音訳（音声訳）関連の機器

❶ 視覚障害者用ポータブルレコーダー

視覚障害者用ポータブルレコーダー（図6-7）には、再生専用機と録音再生機の2種類があります。CDや音声図書の再生を行う機械ですが、録音再生機は再生と録音の2つの機能をもっています。市町村によっては、日常生活用具給付等事業として給付される制度があります。

図6-6　点字プリンター

図6-7　視覚障害者用ポータブルレコーダー

❷ OCRソフト

　OCRはOptical Character Recognitionの略で、活字原稿をスキャナーで読み取り、文字認識処理（パターン認識によって文字情報を読み取る）をして、文字データに変換するソフトウェアです。

❸ 音声読書器

　音声読書器（図6-8）は、書籍、レシート、請求書、新聞、銀行通帳などさまざまな印刷物を読み上げる装置です。日常生活用具給付等事業の対象になっている市町村もあります。いろいろな企業から製品として販売されていますが、点字文書の読み上げやお札判別などそれぞれの製品によって特長があります。

図6-8　音声読書器

❹ 活字文書読み上げ装置

　紙に印刷された文章の活字情報が書き込まれた音声コード（二次元バーコード）を音声で読み上げる装置です（図6-9）。したがって、活字そのものを読み上げる装置ではありません。音声情報が書き込まれたバーコードを読み取り、

音声で読み上げる機械です。音量調整は5段階まで、音声速度調整は3段階まで可能で、充電式バッテリーで5時間の連続再生が可能なものもあります。日常生活用具給付等事業の対象になっている市町村もあります。

図6-9　活字文書読み上げ装置

3　墨字関連の機器

❶ 筆記用具

ボールペン（中字・細字）、シャープペンシル・鉛筆、筆ペン、ラインマーカーなど。

❷ レーズライター

表面作図器といわれ、プラスチック板の上に薄いゴムを貼りつけてあり、その上にレーズライター用の特殊なセロファンを置き、ボールペンを使って文字や図形を書くと筆跡が凸状になって浮き上がります（図6-10）。その浮き上がりを触覚によって確認することができます。ボールペンはインクを抜き取り、インクがにじまないようにします。

図6-10　レーズライター

❸ サインガイド

　銀行や公的機関などで自署が求められる場合、自分でサインをしやすくするための用具です。枠を設けてあり、視覚障害者がその枠内にサインをします（図6-11）。枠の大きさを調節できるものや、あらかじめ枠が決められているものもあります。

図6-11　サインガイド

第7章 同行援護の基礎知識

1 基本的な考え方

1 同行援護従業者に求められるもの

「視覚障害」は、「情報障害」であるともいわれます。したがって、同行援護従業者に最も求められている能力の1つが、「情報提供能力」であることはいうまでもありません。今後、より重要となる「代筆・代読」などを中心とした「コミュニケーション支援」にも、当然「情報提供能力」は欠かすことはできません。同行援護従業者の仕事とは、利用者への適切な情報提供がその主たるものであるといえます。つまり、「適切な情報提供」により、利用者にその場に応じた適切な行動をとってもらうことが同行援護従業者の大事な仕事の1つといえるでしょう。

では、移動支援技術における情報提供とは具体的にはどのようなことなのでしょうか。

2 移動支援技術における情報提供とは

同行援護従業者として必ず身につけておかなければならない「移動支援技術における情報提供方法」は、主に2つあります。

1つは、「場面や動きが変化するときには、必ずしっかり止まること」です。もう1つは、「止まったら目の前の状況やこれからの動きを、なるべくわかりやすい言葉や手を導くことで視覚障害者に伝えること」です。つまり「同行援護従業者自身の体の動きと言葉の両方で情報提供をする」ことが、非常に重要になります。どちらか1つに偏ってはいけません。どちらも同様に非常に大切です。「これからの自分の動きを事前に言葉にする」ことを習慣にするとよいでしょう。

したがって、各実習場面での反復練習の中では、止まることが必要な場面で「確実に止まること」、それも「視覚障害者にとって最適な位置で止まること」「言葉や手を導くことでの情報提供」「利用者の足元を見ることによる安全確保」が繰り返し求められます。

移動支援において重要なことは、「体の動きと言葉での情報提供」と「安全確保」の大切さを同行援護従業者自身が強く自覚し、実践できることです。

「情報提供能力」に必要なことは、具体的には「見たものを言葉にすること」や、前述のように「これからの自分の動きを言葉にすること」などです。

情報提供をする際、物の位置や方向を伝える場合に気をつけなければならないことがあります。「前・後」や「左・右」などの表現は適切ですが、「ここ・そこ・あそこ」（こっち・そっち・あっち）などの代名詞を用いた表現は不適切です。

また、時計の文字盤を使った位置説明の方法（クロックポジション）もあります。では、この能力を高めるためにはどうしたらよいでしょうか。そのためには、「シミュレーション訓練」が有効です。

一人で街を歩いているとき、車中の窓から景色を見ているとき、テレビを観ながら、そのようなときに「見たものを言葉にする」練習をしましょう。音として言葉に出す必要はありません。自分自身で、あるいは家族や仲間同士で研鑽し、「正確で適切な、誠実で想像力豊かな情報提供」にあふれた楽しい同行援護を心がけましょう。

2 視覚障害者への接し方

1 対等な立場で

「視覚に障害がある」こと（「見えない」あるいは「見えにくい」こと）は、確かに大変不便でやっかいなことです。しかしだからといって、健常者同様の日常生活を送っている視覚障害者が、自分とは違う「特別な人ではない」ことはいうまでもありません。「見えない」あるいは「見えにくい」だけの人です。

視覚障害者と接するにあたって最も大切なのは、そのような考え方です。当たり前のことですが、視覚障害者として接する前に、「同じ人として、対等な立場で」接することが何より大切です。そのことが、つまり人として敬意をはらって接することが、信頼関係を築くための基本であることを忘れてはいけません。

この「信頼関係」は、その日の「楽しい外出」を成立させるために、なくてはならない不可欠な要素といえるでしょう。それは「失明して間もない利用者」であろうと「先天性の視覚障害者である利用者」であろうと同じことです。「失明によるショック」や「障害受容」などのいわゆる「心理的背景」などを考慮する前に、まず「人として敬意をはらって接すること」が何より大切です。

2 特性への配慮とは？

そのうえで、視覚障害が持つ特性、つまり人が行動するうえで非常に重要な

情報である「視覚による情報」が不足、あるいは欠けていることに十分配慮する必要があります。そのために必要なのが、前述の「情報提供」です。

　視覚障害者に「自己選択」をしてもらうためにも、この「情報提供」が必要不可欠です。「自己選択」は、安全や「自立」にも深くかかわっています。

　例えば「上り下りの移動」が必要な場面で、移動方法を選択してもらう場合などです。

　「情報提供」とは、「視覚障害者の眼になる」あるいは、「眼を貸す」ことといえるかもしれません。また、食事中に中座しなくてはならない場合、そのことを視覚障害者に伝えなければ、どのようなことが起きる可能性があるでしょうか。誰もいないのにそこに同行援護従業者がいると思って話し続け、結果として利用者の心を大きく傷つけてしまう結果になるかもしれません。出かける前に「服のしみ」に気がついていたのに同行援護従業者が何も指摘せずに外出し、そのことをあとで誰かから指摘されたら、多くの視覚障害者はどう思うでしょうか。「視覚障害者の自己選択」につながる「客観的な情報提供」が必要だったはずです。そのような細やかな気配りも必要です。

3　サービス提供者として

　さらに、もう１つ大切なのは、「サービス提供者」としての立場を踏まえた接し方です。報酬を得ている「プロフェッショナル」としてと言い換えることができるかもしれません。

　「やってあげる」という接し方や、「ボランティア的な気持ちで接する」のとは、対極的な接し方と言えるかもしれません。これは、視覚障害者の話していることに対して、常に誠実に耳を傾ける姿勢を忘れないこととも言えるでしょう。視覚障害者の多くはサービス利用にあたり、自己負担金を支払っています。視覚障害者は自分にとっての「お客様」なのです。自分が視覚障害者から「選ばれる」、あるいは「評価される」立場であることも忘れてはいけません。視覚障害者に満足してもらえる仕事をしなくてはなりません。

　また、同行援護従業者は、視覚障害者に対して「指導者的立場」にあるわけではありません。別の言い方をすれば、「目の前の視覚障害者を他の視覚障害者と比較してはいけない」とも言えるでしょう。

　最も大切な仕事は、その日の外出を視覚障害者にとって「安全で安心な、楽しい」ものにすることと同時に、外出の目的を果たす支援をすることです。それ以上でもそれ以下でもないことを強く自覚することが必要です。

4　主人公は誰なのか？

　　　同行援護中に忘れてはならないことは、「主人公（主体）は誰なのか」ということです。もちろん主人公は視覚障害者自身です。その日の目的地までのルートや移動手段を決めるのは、基本的には主人公である視覚障害者本人です。もちろん移動以外の場面でも同様です。

　　　例えば、買い物のときに店員がおつりを同行援護従業者に渡そうとしたり、商品の説明を同行援護従業者にし始めたりすることは珍しいことではありません。当然、これはおかしなことであり、誤りです。買い物をするのは視覚障害者であり、同行援護従業者ではないのです。そのような場合に、同行援護従業者としてまず振り返らなければならないことは、店員が自然に視覚障害者に対応しやすいような位置に自分は誘導できたのか、ということです。

5　まとめ

　　　上記のように視覚障害者に接するにあたっては、

- ●対等な立場で接すること
- ●誠実で、豊かな情報提供を心がけること
- ●サービス提供者としての立場を踏まえること

が重要です。これらを現場で視覚障害者に対して実践でき、「視覚障害者が主人公の移動」が実現できたときに初めて、その日の外出が視覚障害者にとって「楽しいもの」になるのです。

3 同行援護中の留意点

　　　ここでは、同行援護をするうえでの留意事項を整理します。

1　既往歴の確認

　　　同行援護をする前には、事業所から視覚障害者の既往症とその対応の仕方などを確認しておきます。

- ●水分や塩分の摂取の制限、アレルギーの有無
- ●狭心症の既往歴
- ●糖尿病の低血糖時の対応
- ●薬の服用の有無や持参の確認
- ●その他の留意点

いろいろな状況に遭遇した場合でも、落ち着いて支援を行えるよう準備しておきましょう。

2 声かけやあいさつ

視覚障害者と出会ったときには、正面から相手の顔を見て、やさしくはっきりと微笑を浮かべ、健康状態を確認しながらあいさつします。相手に信頼される第一歩のため、十分注意しましょう。

あいさつは出会ったときの合図であると同時に、業務に従事するときの重要な要素であることを意識し、同行援護従業者の第一印象は、あいさつで決まるということを自覚しましょう。

知っている人であっても、必ず自分の名前を名乗ります。

　　例：「○○さん、こんにちは　○○です。」

また、業務と私的なことを分けて接することを意識してください。

3 同行援護の前の確認

同行援護を開始する前には、サービスを提供する視覚障害者について、以下のような点を確認しておきましょう。

- 顔の表情や全体の状態（見た目の体全体の雰囲気）、言葉での健康状態の確認（「お元気ですか？」などの声かけ）
- 衣服の身だしなみ（TPO に合った服装をしているか，特に冠婚葬祭の場合にはよりチェックが必要）
- 洋服にシミや汚れがないか
- 靴下の左右の色は同じか
- 靴の色や左右の形の確認（冠婚葬祭時には特に配慮が必要）

4 同行援護中の確認

❶ 移動中の観察

同行援護のサービスを提供している間も、視覚障害者の顔色や顔の表情、会話の状況など、体全体の健康状態には常に気を配る必要があります。また衣服の乱れや汚れにも気を配りましょう。

❷ 情報支援

安全に同行援護サービスをするためには、利用者に応じた適切な情報提供はもちろんのこと、移動中の状況の変化に対しての情報提供は忘れてはならない

ものです。また快適な移動をするためには、同行援護中の風景や街中の様子、花が咲いている様子、空の色や雲の様子などを伝えることも必要です。

5　同行援護従業者の心がけ

❶ 視覚障害者への対応

常に視覚障害者の立場に立った支援を心がけ、視覚障害者の意向を確認し、それに沿ったサービス提供ができるようにしましょう。また視覚障害者の生活習慣などをよく理解し、適切な対応を行うとともに、視覚障害者の発言の趣旨を正しく理解するように努めましょう。サービス提供中は視覚障害者のペースを尊重し、決して同行援護従業者が視覚障害者のペースを乱すことのないよう配慮が必要です。また、視覚障害者の生活には立ち入らないことも重要なことです。

❷ 守秘義務

業務上知り得た個人情報をみだりに他人に知らせ、または不当な目的に使用してはいけません。退職後も同様です。また、同行援護従業者自身のプライバシーは自分自身で守るようにしましょう。

❸ 時間厳守

活動開始時間には遅れないようにしましょう（5分前到着が原則です）。

❹ 同行援護の内容

あらかじめ指示された内容のサービス提供を行います。視覚障害者の体調の急変や状況が変化した場合は、必ず事業所に連絡をし、指示を仰ぎましょう。

❺ 医療行為

緊急時の対応以外の医療行為は絶対に行ってはいけません。

❻ 金銭の貸し借り

金銭の貸し借りは厳禁です。

❼ 体調管理

体調管理は自己責任です。常にベストの状態で活動できるように日頃から健康管理に努めましょう。

6　同行援護従業者としての留意点

　　同行援護のサービス中は、視覚障害者と同行援護従業者が常に一緒にいることになります。その際に、同行援護従業者は次のようなことに留意しましょう。

① TPOをわきまえた服装で、同行援護に入るようにしましょう。特に冠婚葬祭の場面や会議・式典などの場合は、視覚障害者の服装を事前に確認し、視覚障害者に恥をかかせることのないよう気をつけます。

②夏などは肌を露出しすぎないなど、配慮することも必要です。視覚障害者が同行援護従業者の肘を持ったり、肩に手を置いたりします。直接肌に触れたり、場合によっては汗ばんだ肌に触れることになってしまいます。また、同行援護のサービス中だということを常に意識しておくことが必要です。

③寒くなってくると、コートやセーターなどのかさばる衣服を着用する機会が多くなります。コートなどで着ぶくれると、視覚障害者が同行援護従業者の肘を持ちにくくなったり、場合によっては手が滑ってしまい危険な状態になったりします。コートの素材や厚さにも配慮しましょう。マフラーなどは、移動中に何かにひっかかる可能性もあります。きちんと身につけるようにしてください。手袋をする際には、一言伝えておくとよいでしょう。またマスクをする際などは、声がこもって情報が伝わりにくくなります。マスクをしていることを伝えましょう。

④履物は歩きやすい高さの靴を履くようにします。スポーツサンダルなどの足の甲全体を覆わない靴などは避けましょう。同行援護従業者が足にけがをしてしまったら、同行援護サービスを途中で中断することになり、視覚障害者の動きが取れなくなるからです。

⑤アクセサリーも必要最小限にとどめましょう。視覚障害者によっては華美なアクセサリーを好まない人もいます。また、同行援護の仕事中だということをわきまえるように心がけましょう。

⑥同時に化粧なども控えめにすることをお勧めします。香水や柔軟剤などの香りのするものを好まない視覚障害者もいますので「香水などはつけすぎない」ように心がけ、不快な思いをさせないようにしましょう。またニンニクなど、次の日まで臭いが残る食べものは控えるようにします。

⑦同行援護従業者は同行援護中は安全確保をするため、両手を空けておくのが原則です。荷物はショルダーバッグやリュックサックなどに入れ、手がふさがらないようにしましょう。

⑧同行援護従業者の持ち物としては、代筆・代読に必要な筆記用具や眼鏡、ウェットティッシュ、ティッシュペーパー、ハンカチなどや小銭（1000円くらい）などです。

4 同行援護の留意点

同行援護をしていくうえでは、本来的な移動の支援に加え、視覚障害の状態に合わせた配慮、注意が必要になります。

❶ 見え方にかかわる配慮

まぶしさを訴える視覚障害者の場合は、太陽光が直接眼に入らないような配慮が必要になります。日中、屋外を歩行するときはもちろん、電車、レストランに入ったときなど、窓際に座ってよいのかなどを確認したほうがよいでしょう。

また暗さに慣れるのに時間を要する場合は、外から建物内に入ったときなどに動きが悪くなる場合もあるので、歩く速さについて再確認する必要があります。同行援護従業者の握られている手に力が加えられたら、視覚障害者が怖かったり不安に思っている可能性があります。視覚障害者からのメッセージと思ってください。

同様に、明暗がわかる程度の視力がある場合、屋外で日向から木陰に入った場合など、同行援護従業者からの情報がないと、木陰という認識が難しいので、ぶつかることへの恐怖感を感じている場合もあります。このような場合、しっかりと環境の状況を伝えることが必要になります。網膜色素変性や緑内障の人に対しては、基本的にこうした意識をもっていることが必要です。

視覚を活用できる視覚障害者にメモなどを渡す際には、何を使って書くと読みやすいのか、どの程度の大きさの文字が望ましいのかを、視覚障害者に確認することが大切です。日常的に文字を書いている視覚障害者の場合には、書いた文字を見せてもらうことも 1 つの方法です。眼が見えにくいから字を大きく書けばよいということはありません。中心の視野しかない人は、字を大きくすることで、かえって字の一部しか見ることができず、読めなくなることもあります。最近では、「24 ポイントのゴシックでお願いします」という視覚障害者もいます。パソコンを利用できない環境ではその希望は実現できませんが、視覚障害者に確認をとるという手順は決して欠かすことのできないものです。なお、中心部が見えにくい視覚障害者に対しては、字を拡大するという方法が有効ですが、この大きさについても、中心部しか見えない視覚障害者の場合と同様、その大きさや何を使って書くと見やすいかを確認することが重要です。

一方の眼が見えず、他方の眼は有効な視覚があったり、視野が一方の側に偏っているような場合、見えない側に同行援護従業者が位置取りしたほうが安心感を与える場合があります。視覚障害者に同行援護従業者が立つ位置を確認してください。

❷ 疾患にかかわる配慮

　糖尿病網膜症では、糖尿病の管理にかかわることに注意を払う必要も出てきます。血液内の糖分（血糖）の値が下がる低血糖を起こすと、冷や汗や頭痛などの症状の出る人が多くみられます。放置すると意識を失いますので（昏睡状態）、口から糖分を摂ることはできなくなります。基本的に糖尿病は自己管理をする疾病ですので、低血糖を起こしそうなときには、意識を失う前に、視覚障害者自身で糖分を摂取することが前提ですが、同行援護従業者も、砂糖など溶けやすい甘いものを携行しておくことも想定しておいたほうがよいでしょう。糖分を摂取したら、主治医に報告する必要があります。角砂糖1個を1単位として計算します。

　糖尿病網膜症と同じ合併症として神経障害があげられますが、この場合、手や足などにけがをしても痛みを感じづらいので、放置するケースがみられます。重度の視覚障害の場合、けがをしていることを視覚でとらえることもできません。糖尿病の場合、感染症を起こしやすいので、けがを放置すると傷を悪化させ、壊疽を起こすこともあります。そうならないように、同行援護従業者は、手先などにけががないかということにも注意を払う必要があります。

　同行援護従業者は視覚障害者が物にぶつからないように誘導をすることは当然のことですが、緑内障や網膜剥離など、眼への打撃を極力避けたい疾病については、視覚障害者の動きに細心の注意を払うことが必要です。

5 歩行に関係する補装具・用具の知識

　同行援護において、視覚障害者は白杖、光学的補助具、盲導犬などを利用することがあります。同行援護従業者は、これらの補装具や補助具等に関する知識をもちましょう。

1　歩行補助具

❶ 白杖

　視覚障害者の主たる歩行補助具は、白い杖である「白杖」です。白杖には次のような機能があります。
- 自分が視覚障害者であることを周囲の人に伝える
- 前方の路面や障害物の有無の状況を把握する
- 障害物が直接体にぶつかることを防ぐ

　白杖の種類としては、折りたたみ式、スライド式、直杖などがあり、材質や太さなどもさまざまです。杖の先である「石突」も、いろいろなものがありま

図 7-1　白杖各部の名称

グリップ　　　　　　　シャフト（柄）　　　　　　　石突

図 7-2　白杖の種類

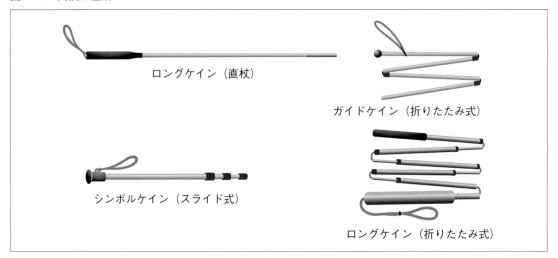

ロングケイン（直杖）

ガイドケイン（折りたたみ式）

シンボルケイン（スライド式）

ロングケイン（折りたたみ式）

す（図 7-1、7-2）。

　道路交通法第 14 条第 1 項では、「目が見えない者（目が見えない者に準ずる者を含む。以下同じ。）は、道路を通行するときは、政令で定めるつえを携え、又は政令で定める盲導犬を連れていなければならない」となっています。

　失明後間もない視覚障害者などの多くには、「杖を持ちたくない」あるいは「自宅近くでは杖を使いたくない」など、「白杖に対する抵抗感」（人に知られたくない）をもつ場合が珍しくありません。そのような場合には、他の視覚障害者と比べたり、無理強いすることなく、事業所が中心となり話し合いなどの対応をしたり、場合によっては同じ当事者の立場で他の視覚障害者から話をしてもらうとよいかもしれません。

　同行援護従業者として望ましいのは、そのような利用者（杖の使い方を知らない）に対しても安全確保ができる同行援護の技術をもつことです。

❷ 歩行時間延長信号機用小型送信機

　歩行時間延長信号機用小型送信機は、この装置を携帯して交通弱者のための感応信号機に近づくと、電波を感じて歩行者用の青信号の時間が延長されたり、盲人用信号機がメロディーや音響を流すようになります。

❸ 電子機器

　主に上半身の前方にある障害物を、超音波を用いて察知することに有効な「電子機器」などがあります。また、以前は単体で使用していましたが、最近では白杖と超音波機器を合体させた白杖も研究開発の結果、売り出されています。

❹ 盲導犬

　盲導犬とは、視覚障害者が屋外を歩行する際の、安全性を確保するために訓練された犬のことです。

　平成14（2002）年には身体障害者補助犬法が施行され、公共機関だけでなくデパートやスーパーマーケット、ホテルなどの民間施設でも、受け入れを拒否できないことになりました。

　また、平成19（2007）年の改正身体障害者補助犬法（翌年4月施行）により、障害者雇用事業主への事業所等での補助犬の使用の拒否の禁止等の規定が加わりました。

　以前に比べると盲導犬をはじめとする補助犬（盲導犬、介助犬、聴導犬）に関する法的環境が整いつつあります。

❺ スマートフォンアプリを使用した歩行支援

　スマートフォンの音声読み上げ機能を使い、スマートフォンアプリを利用している視覚障害者が増えてきています。このような背景から、スマートフォンアプリを用いた歩行支援も現実のものとなってきています。具体的には「駅構内の誘導」や「信号横断」、「援助依頼」などに活用されてきています。

2　光学的補助具

　光学的補助具としてはメガネやサングラスが一般的です。それに加えて弱視（ロービジョン）の人たちがよく使う用具として、単眼鏡、拡大鏡があります。

❶ 色眼鏡（サングラス、遮光眼鏡）

　色眼鏡には、通常のサングラスと遮光眼鏡（図7-3）とがあります。視覚障害者の中には、太陽光がまぶしくて歩きづらい人がいます。色眼鏡はそのような場合に使用します。

❷ 単眼鏡・拡大鏡（図7-4）

　単眼鏡は単眼の望遠鏡で、弱視者が駅の運賃表などの少し離れた所の文字を読むために使用します。

　拡大鏡は、虫メガネのことで、弱視者が小さな文字を見るために使います。

図 7-3　遮光眼鏡

図 7-4　単眼鏡、拡大鏡

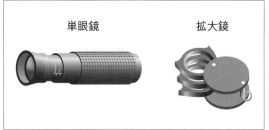

単眼鏡　　　　　　拡大鏡

6 日常生活動作に関係する用具の知識

　視覚障害者は、いろいろと工夫された用具を使用することで、日常の生活を過ごしやすくすることができます。

　工夫の1つは、操作や結果を音声で伝える用具です。視覚に障害のある人が日常生活で使っている体重計、血圧計、体温計（図7-5）、電卓、血糖測定器、時計（図7-6）などは、音でその結果を知ることができます。IHのような調理器具も、同様に工夫されたものがあります。

　音声を利用したもので、視覚障害者に急速に普及したのが、携帯電話です。機種によっては、メールやインターネットの閲覧が音声で確認でき、時刻も伝えてくれるので、なかには時計代わりに携帯電話を持つようになった人もいます。前記のように、若い人たちを中心に徐々にスマートフォンを使う視覚障害者も増えています。

　他にも、色を識別して音声で伝えてくれる色識別装置もあるので、視覚障害者にとっては、便利このうえないものとなっています。

　読書環境も、点字図書以外に録音図書が非常な勢いで普及しています。書籍をボランティアが読み、それを録音して点字図書館などで貸し出しをしているのですが、以前はテープに録音していたものが現在はCDに録音できるようになり、貸し出しはCD中心となってきました。さらに、インターネット環境を利用して、録音図書の音声ファイルをダウンロードし、小型の専用の再生機で図書を聞くことができるようにもなり、視覚障害者の読書環境は飛躍的に向上してきました。

　一方、触ることを利用した工夫としては、寸法をはかる際や普通の文字を書く際に、場所や範囲を指を通して知ることのできる用具、針を触って時刻を知る時計、お札やコインの区別ができるように工夫されたプレートなど、比較的携帯しやすいものがあります。糸通し器や、振動して時間を知らせるタイマーなど、視覚障害者でなくても便利な用具もあります。

　また、視覚を有効に活用できるよう工夫されたものとして拡大読書器（図7-7）や、材料とのコントラストを強くするため両面が白黒に分けられたまな

図 7-5　音声体温計

図 7-6　時計

図 7-7　拡大読書器

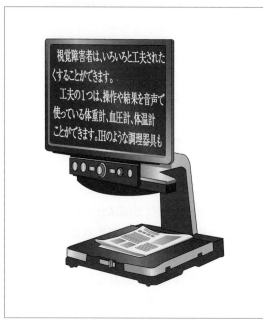

図 7-8　まな板

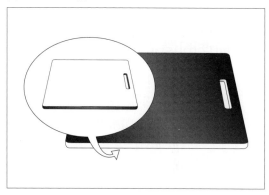

図 7-9　定規

図 7-10　醤油さし

板（図7-8）、黒地のノート、定規（図7-9）などがあります。

　そのほかには、倒れてもこぼれず、ひと押しで一定量しか出ないよう工夫された醤油さし（図7-10）もあり、日常生活を過ごしやすくする工夫が多くみられます。

　さらに、パソコンを使いこなす視覚障害者も多くなりました。視覚障害者に

とってのパソコン使用の難点は、画面の状況がわからないことですが、今は音声を利用して画面を読み上げるソフト（スクリーンリーダー）や画面を拡大するソフトもあり、パソコン使用の助けとなっています。またタブレット端末のなかには、最初から音声や拡大手段が組み込まれているものもあり、より使いやすくなってきました。

7 環境と移動に伴う機器

1 視覚障害者にとっての歩行環境

視覚障害者の歩行環境を考える場合、主に街づくりそのものや、視覚障害者誘導用ブロックなどのハードウェアを意味する「物理的環境」と、それを取り巻くソフトウェアである「人的環境」の2つがあります。

2 物理的環境と人的環境

平成6（1994）年のハートビル法や平成12（2000）年の交通バリアフリー法、平成18（2006）年のバリアフリー新法の制定などにより、視覚障害者にとっての物理的な歩行環境は改善されつつあるといえるかもしれません。

視覚障害者誘導用ブロックや「音響（声）信号」「点字表記」「さまざまな音声案内」「見やすい大きさのハイコントラストな表記や施設内などのガイドライン」、横断歩道上を直線的に歩くための視覚障害者用道路横断帯（エスコートゾーン：図7-11）などの整備がその例です。ただし、これは都市部や繁華街、公共施設が中心であり、「地域差」が存在するのが現実です。「環境が障害を生む」という側面がある以上、今後も「誰にとってもやさしい街づくり」など、さらなる「バリアフリー化」（障害者が利用するうえでの障壁が取り除かれた状態にすること）や「ユニバーサルデザイン」（施設、製品、情報などを、できるだけ多くの人が利用できるようなデザインにすること）を社会全体として推進しなければなりません。

また、物理的な環境が改善に向かうと同時に、視覚障害者にとっての新たな「バリア」も生まれていることを見逃してはいけません。その1つが今後ますます増えていくであろう「ハイブリッドカーと電気自動車」の存在です。

一部のハイブリッドカーは、停車時から低速走行時にはモーター駆動のための音がほとんどしません。もちろん電気自動車も同様です。

例えば、単独歩行中の視覚障害者が横断の場面で、そのような車の存在の有無が「無音のため」に判断できないことは、安全確保に対する大きな脅威であ

図7-11　視覚障害者用道路横断帯
（エスコートゾーン）

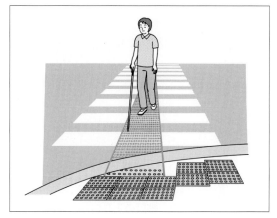

り、早急な対処が求められています。

　携帯電話で話しながら歩く歩行者や、雑踏の中でカートを後ろ手で引く歩行者、歩道上などでの自転車の乱暴な運転などは、誰にとっても危険な存在でしょう。

　また、「歩車道の段差」も「バリアフリー」の名の下になくされた結果、自分が車道に出てしまったことに気がつかなかったという視覚障害者もいます。

　では「物理的環境」は、絶対的なものなのでしょうか。

　みなさんが「白杖を利用して視覚障害者誘導用ブロックに沿って歩く視覚障害者」や「盲導犬と歩いている視覚障害者」を街中で見かけたときに、どう思うでしょうか。

　「あの人は視覚障害者誘導用ブロックを使っているのだから（盲導犬と歩いているのだから）安全だ、迷っているはずはない、だから声をかける（支援が必要かどうかを聞く）必要はない」と判断してはいないでしょうか。

　基本的に「視覚障害者誘導用ブロック」が視覚障害者に提供している情報は、線状ブロック（誘導ブロック）が提供している道路や通路が走っている方向や「この先に何かがある」という情報と、点状ブロック（警告ブロック）が提供している「この先には危険な何かがある」という2つの情報だけです（図7-12）。

　したがって、視覚障害者が視覚障害者誘導用ブロックを使いこなすためには、基本的に「その場面の視覚障害者誘導用ブロックの地図」が頭に入っている必要があります。盲導犬も同様に、ユーザーの頭の中に「目的地までの地図や手がかり」が入っている必要があります。

　例えば、盲導犬に「八百屋さんまで行きなさい」と命令するわけではないのです。ですから、前述のような視覚障害者が歩いている場合でも、「迷っている、あるいは困っている」可能性はあるわけです。

　それがプラットホーム上ではどうでしょうか。視覚障害者誘導用ブロックが、ほぼ全国の駅に整備されている現在でも、「視覚障害者のプラットホームから

図 7-12　点字ブロックの種類

線状ブロック

歩く方向を示すもの。駅構内など誘導を目的としたところに設置される。

点状ブロック

このラインを超えると危険であるなどの注意を示すもの。階段の上り口・下り口、線状ブロックの分岐・屈曲・停止位置などに設置される。

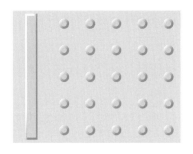

ホーム縁端警告ブロック

ホーム縁端の警告を示すもの。点状ブロックと 1 本の線状突起で構成され、線状突起のあるほうがホーム内側になるように設置される。

資料：内閣府「障害者白書　平成 23 年版」，175 頁

の転落事故」はなくなってはいません。転落事故はご存じのように、視覚障害者特有の事故ではないのですから、従来のプラットホームは、「誰にとっても」危険な環境だといえます。そのために普及しつつあるのが、「ホームドア」や「可動柵」です注）(図 7-13)。ホームドアは、1 日平均利用客 10 万人以上の駅を中心に整備が進められ、全国で令和 2（2020）年 3 月現在、858 駅で設置されていますが、全国総駅数約 9500 駅の 1 割に満たないのが現状です。今後は駅の構造や利用実態などを考慮し、優先度の高いホームの整備の加速化を目指しています。

　視覚障害者誘導用ブロックは、単独歩行する視覚障害者にとって、とても有効で大切なものであり、今後も可能ならば少しでも多く敷設しなければならないものです。

　また、視覚障害者が信号のついた横断歩道を安全に横断するために大変有効な音響装置付き信号機（図 7-14）は、ボタンを押すことで青信号時に擬音やメロディが流れて視覚障害者に横断のタイミングや残り時間、横断すべき方向などを知らせるものです（押せば青に変わるのではありません）。平成 31（2019）年 3 月末現在、全国で約 2 万基（メロディ式約 450 基、擬音式約 1 万 9500 基）が設置されています。ただし、視覚障害者等の利用頻度が高い、盲学校、リハビリテーションセンター、役所等の公共施設を含む地域に優先的に設置されているもので、大きな地域差があり、全国の総信号機数の 10%に

注）令和元（2019）年 10 月から全国で相次いだ視覚障害者のプラットホームからの転落死亡事故を受けて、国土交通省では令和 2（2020）年 10 月に視覚障害当事者を交えた「新技術等を活用した駅ホームにおける視覚障害者の安全対策検討会」を立ち上げ、さまざまな角度から安全対策を検討しています。

図 7-13　可動柵

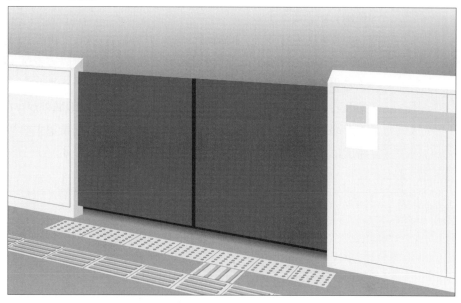

図 7-14　音響装置付き信号機

満たないのが現実です。

　しかしながら、これらは「完璧なもの」ではありません。視覚障害者にとっ
て使いやすい、「触覚的なコントラスト」（杖や足裏での認知のしやすさ）や「視
覚的なコントラスト」（見やすさ）について十分配慮されていない視覚障害者
誘導用ブロックが敷設されている例も少なくないのが現実です。「視覚障害者
誘導用ブロック」以外の「物理的環境」についても、有効ではあっても完璧な
ものにはなりえないといえます。

　さまざまな視覚障害者の存在に加えて、「完璧な人間」はどこにもいない現
実があるのです。つまり、「望ましい視覚障害者の歩行環境整備」のためには、
可能な限りの「物理的環境整備」と同時に、周囲の心ある人々からの声かけ（支

援が必要かどうかを聞く）という支援が、今以上に多くなるような「人的環境整備」が必要です。

　いうまでもなく、「人的環境整備」のためには「教育と啓発」が必要不可欠です。また、さらに「歩行環境」を広く考えた場合、視覚障害者が「白杖や盲導犬による歩行訓練を受けられる機会」があるのか、ということも「歩行環境」に含まれるのかもしれません。その機会の有無に大きな地域差が存在する現状から、多くの視覚障害者が全国どこにいても、受けたいと希望するときに、白杖や盲導犬による歩行訓練が受けられる環境整備も必要です。

演習編

第8章 基本技能

1 あいさつから基本姿勢まで

1 基本的な考え方

　　視覚障害とは情報取得の障害です。ですから、同行援護のポイントは、情報を提供することで、安全に、安心して、そして能率的で、見た目にも自然で、同行援護従業者も視覚障害者もお互いがやりやすい形で、快適な移動ができるように支援することです。

　　この「情報の提供」は、何も言葉だけとは限りません。視覚障害者は、常に同行援護従業者の肘<small>ひじ</small>や肩など体の一部に触れているのですから、同行援護従業者の動きはほとんどすべて、視覚障害者に伝わります。つまり、同行援護従業者の動きそのものが情報になります。したがって、同行援護従業者が不用意に向きを変えたり意味のない動きをしたりすると、視覚障害者もそれに従って動くことになるため、向きが変わってしまったり行動に矛盾が生じたりして、不安になることがあります。同行援護の際の動きには十分注意をはらいましょう。

　　本章では、同行援護の基本的な動きについて解説をしていきますが、動き全体の基本となる考え方をまとめると、以下の6つになります。

①視覚障害者の立ち位置を、常に意識する。

②無駄な動きをしない。

③移動をしている環境が変わるときは、適切な場所にしっかりと止まる。

④ぶつかりそうなところには触れてもらう。

⑤視覚障害者の動きを制限しない。

⑥安全を確保するために足元の確認をする。

2 あいさつ

　　視覚障害者の正面に適度な距離間を保ちながら立ちます。そして、「～さんでいらっしゃいますか?」「～と申します」などと、同行援護従業者のほうから声をかけます。それにより、同行援護従業者の存在をしっかりと確認することができます。したがって、後ろからや遠く離れたところから話しかけたりせず、正面に立ってしっかりと話しかけてください。並んで同行援護をするからと、横から声をかけることは避けてください。

視覚障害者は、同行援護従業者の声を聞くことが、背の高さなどの判断材料にもなります。さらに、握手を求めてくる人もいます。しっかりと対応してください。

3　あいさつから基本姿勢へ

　あいさつがすんだら、いよいよ同行援護が始まります。同行援護従業者が「情報提供の役割をもつ仕事」と定義されるように、同行援護従業者は視覚障害者より前を歩くことが基本となります。また、視覚障害者の動きを制限しないようにするには、視覚障害者が同行援護従業者に触れることが大切なポイントとなります。つまり、後ろから押したり、前から引っ張ったりしてはいけないということです。

　では、基本姿勢とは、どんな形なのでしょう。以下に、基本姿勢について説明します。

　あいさつがすんだら、どちらの腕でガイドをするのかを尋ね、視覚障害者が希望した側に移動し、視覚障害者の手が、同行援護従業者の肘の少し上を軽くつかめるように、同行援護従業者が、空いている手で、視覚障害者の手を自分の肘に誘導します。

　同行援護を受けたことのある視覚障害者の場合は、自分から肘を曲げながら手を浮かしてくることがあるので、そこに同行援護従業者の肘がくるように移動して基本姿勢になります。視覚障害者は、同行援護従業者の肘の少し上（少し窪んだ部分）を軽く、親指は外側、他の4指は内側になるように握ります（図8-1）。

　肘をつかんでもらうことで、同行援護従業者は視覚障害者の半歩前を歩くことができるようになります。

　同行援護従業者は腕に力を入れず、脇をしめるようにします（図8-2）。

　なお、基本姿勢になったときの留意点は、次のとおりです。

図8-1　持ち手の形

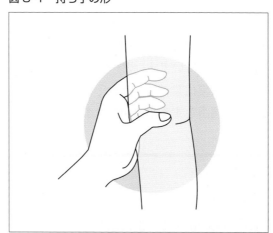

図 8-2 基本姿勢

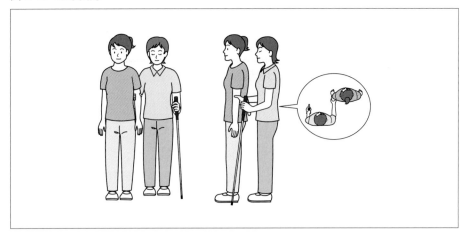

● 同行援護従業者と視覚障害者が同じ方向を向いて立っているか（同行援護従業者は、両者の足先を見ることで、立っている方向が合致しているかどうか知ることができます）。

● 同行援護従業者自身の姿勢は、地面に対して垂直に立っているか。また、両腕とも力が抜け、体側から視覚障害者の腕が離れない状態であるか。

● 同行援護従業者と視覚障害者の肩の位置が直線上にあるか。

● 基本姿勢になるときは、視覚障害者の「手を導く」ことが大切です。同行援護従業者が自分の腕を「ただ出すだけ」ということはしないようにしましょう。

2 基本姿勢と留意点

さて、実際に視覚障害者の同行援護をし始めると、今まで述べてきた基本姿勢で同行援護を受けるのではなく、肩に手を置いたり、腕を組んだりして同行援護を受ける人もいます。同行援護従業者の肘の少し上を握るという基本形とは形こそ異なりますが、同行援護従業者が視覚障害者より前を歩くという大原則とは合致しています。どの方法を選ぶかは、視覚障害者が決めることですので、同行援護従業者は、それぞれの方法の何が違うのかを十分に把握したうえで、同行援護をする必要があります。

1 腕を組む場合

同行援護をしていると、移動に慣れない視覚障害者や高齢の視覚障害者は、移動そのものに不安や恐怖感を覚えていることが多いので、できるだけ同行援

図 8-3　腕を組んだ姿勢

護従業者にしっかりとつかまりたくなります。その結果、腕を組むことになります。また、傘をさして同行援護をする場合などのパターンも考慮しなくてはなりません。

　腕を組んだ状態を横から見ると、肘の少し上を握っている場合と比べて、同行援護従業者と視覚障害者の間隔が詰まっている様子がわかります（図 8-3）。間隔が詰まっているということは、同行援護従業者が立ち止まると、視覚障害者が同行援護従業者より前に出てしまう可能性が高いということになります。したがって同行援護従業者は、止まるときは早めに言葉ではっきりと伝え、急に止まることのないような配慮が必要になります。

　また腕を組むことで、同行援護従業者自身の動きが、肘の少し上を握られる場合より制約されやすく、さらには肘の動きを視覚障害者に伝えることが難しい場合もあるので、他の手段での情報提供を充実させたりすることが必要になります。

2　肩に手を置く場合

　肩に手を置く場合は、肘の少し上を握る場合と同様、前後の間隔はしっかりと保たれます。しかし、「握る」というより「置く」ことになりますので、同行援護従業者が何も言わず急に動きだしたりすると、腕が肩からずり落ちてしまう可能性もあります。腕を組む場合と同様、言語による情報提供を充実させる必要があります。

　しかし、視覚障害者の身長が同行援護従業者の身長を大きく上回っている場合などは、肘の少し上を握ったり腕を組んだりすることが難しくなりますので、肩に手を置く方法を用いるケースは多くなります（図 8-4）。言葉での情報がしっかり伝わるように工夫しましょう。

図8-4　肩に手を置く姿勢

図8-5　視覚障害者と一時的に離れる場合

　なお、肘の少し上を握る方法は、同行援護従業者の素肌に直接視覚障害者の手が触れるため、夏の暑いときなどは長袖を着たり、アームカバーを利用したりするとよいでしょう。

3 してはいけないこと

　視覚障害者の動きを制限しないという原則に立つと、安全性の観点からもしてはいけないことが明らかになります。

①同行援護従業者が視覚障害者の前に位置していても、引っ張ってしまっては、視覚障害者の動きは制限されたことになり、非常に不安で、恐怖感が生じます。

②視覚障害者が携行している白杖を引っ張ったりすることは、身体の一部を引っ張っているのと同じことになります。白杖は身体の一部だと理解してください。

③視覚障害者を後ろから押して誘導することは、同行援護従業者が視覚障害者の前を歩くという大原則から逸脱することになり、視覚障害者は、いっそう不安感や恐怖感を募らせることになります。どのような場合も、後ろから押して誘導をしてはいけません。

④視覚障害者に一時的に待ってもらうときには、空間に放置するようなことはやめましょう。自分がどこにいるか非常に不安になります。壁や柱などに触って待ってもらうようにします（図8-5）。また、周囲の状況などの情報も伝えます。どのくらいの時間を待ってもらうのかも伝えるようにしましょう。実際に行ってみるとその理由が体感できます。面白半分に行うのではなく、

視覚障害者がどれだけ怖くて不安かを理解するよう心がけましょう。

4 歩行、曲がる

さあ、いよいよ歩き始めます。今まで述べた手順で基本姿勢をとり、歩き始める準備をしてみましょう。

1 歩き始め

①歩き始めるときに何も言わずに突然歩き始めると、いくら歩く準備ができていても不意をつかれることになります。「では、行きましょうか」といった言葉をかけてからスタートし、安全に一歩を踏み出せたかを足元で確認するようにしましょう。

②歩き始めて、まず確認することは歩く速さです。「この程度の速さでいいですか？」「速すぎませんか？」など、歩く速さを確認してください。同行援護従業者の腕が後ろに引っ張られたり、持つ手にギュッと力が入ったりするようなら、速すぎるのかもしれません。さらに、握られている腕を押されている感じがするときは、スピードが遅すぎて歩くペースがつかめないのかもしれません。雨の日や滑りやすい路面、急なスロープなどの場合は、視覚障害者に状況を説明し、スピードを緩めるなどしてください。

③二人分の幅をしっかりと意識して歩いてください。身長が異なる場合など、同行援護従業者の身長ではぶつからなくても視覚障害者の身長ではぶつかる場合もありますので、頭の周辺にも注意をはらう必要があります。

④歩いているときは、周囲の様子を伝えてください。また、話に夢中になりすぎないようにし、同行援護従業者は前後、左右、視覚障害者の表情、足元をしっかりと観察してください。特に、屋外に出たときは注意をはらってください。足元や前後左右を確認する際は、同行援護従業者は、視覚障害者に握られている腕を動かさないよう注意をはらってください。肩の線が動かないように意識をすることが大切です。肩が左右に動くと、同行援護している腕が動くため、視覚障害者に誤った情報を伝えかねません。

⑤歩き出して次に注意をすることは、視覚障害者が歩きやすい位置取りをしているかどうかを、常に確認することです。

●廊下などを歩く際に、同行援護従業者が中央を歩き、視覚障害者が壁側でぶつかりそうな状況にあったり、人とすれ違う側に視覚障害者が位置取っていたりしては、いつも視覚障害者は「ぶつけられないか？」という不安と闘わなくてはなりません。その場の状況によって、一概に「こうすべき」とはい

えませんが、まずは視覚障害者の安全を守る立場から、位置取りを考えることが大切です。

●屋外・屋内に限らず、視覚障害者用誘導ブロックの上を歩く必要はありませんが、そこに誘導ブロックがあることを伝えてその上を歩いたほうがよいかどうかは、視覚障害者に確認してください。

●歩き出したら、漫然と目の前のことばかりに集中するだけでなく、どこを歩いたら安全で歩きやすいかを常に意識しながら、歩くルートを選択してください。

2　停止

①止まる必要のある場合、何も言わずに止まっても視覚障害者は同じように止まることはできますが、事前に止まることを伝えると、より安心できます。前述したように、腕を組んだときなどは、何も言わずに急に止まるとガイドより前に飛び出してしまうこともあるので、注意が必要です。また、「止まる」という行動をとる際は、はっきりとその行動が伝わるよう、止まったのか、止まらないのかを視覚障害者が判断できないような動きは避けてください。動作のメリハリが必要です。

②止まるときには、なぜ止まるのかを視覚障害者に伝えてください。同行援護従業者はなぜ止まるかをわかっているわけですが、視覚障害者にはそれはわかりません。赤信号だから止まったのか、前を人が横切るので止まったのかなど、はっきりと伝えるようにします。

③場面によっては停止する位置が重要になるので、ただ止まるのではなく、今後の動きを考えて停止するようにしてください。

3　曲がる

①同行援護従業者を中心に曲がる場合でも、視覚障害者を中心に曲がる場合でも、事前にどちらに曲がるかを伝えることで、視覚障害者も曲がる準備ができます。ただし、口頭での左右の指示は間違えないようにしてください。

②曲がるときにはスピードを落とし、いったん止まります。そして、曲がったことが体の動きでも伝わるように、はっきりと向きを変えます。

③同行援護従業者は視覚障害者の足元に注意をはらい、視覚障害者の足先が同行援護従業者と同じ方向を向くようにし、そろったところで歩き始めます。いったん止まらずに進むと、視覚障害者が同行援護従業者に引っ張られるような状態になります。

④歩行の流れの中で大きく曲がる場合などは、それまでのペースを維持しなが

ら歩くことで十分ですが、視覚障害者の足元への注意は怠らないようにしましょう。また、向きが変わったことが視覚障害者にはわかりづらいので、曲がったことを伝えることが必要になります。

4　方向転換

　同行援護中、方向転換が必要な場面もあります。エレベーターの中などで方向を変える場合には、以下の手順で行います。まず、エレベーター内で、視覚障害者と同行援護従業者がどこにいるかを考えます。降りるときに効率よく行えるように配慮してください。エレベーターの内部で移動するときには視覚障害者のわかりやすい方法で行います。

　向きを変えるときは、視覚障害者を中心に回るようにします（図8-6）。

①まず、向きを変えることを視覚障害者に伝えます。そうすることで、視覚障害者はその場で回ればよいことが理解できます。

②同行援護従業者は周囲に配慮して、大きく回ることはせず、コンパクトに回るようにします。

③向きを変え終わったら、その旨を視覚障害者に伝えます。

　この場合、他の人に対する配慮や、周りの人にぶつからないように注意する

図8-6　方向転換（視覚障害者を中心にする）

ことや、方向を変えるタイミングをはかるようにしてください。

5 スロープ

スロープの上り下りについては、同行援護従業者は比較的見逃しがちになります。その結果、視覚障害者がつまずいたり、空足を踏んだりするような状態になってしまいます。また、スロープを上りながら、「上っています」と伝えるのでは遅すぎます。上っていることは、視覚障害者が一番わかっているかもしれません。

①スロープにはできる限り直角に近づき、スロープの直前で止まり、上りのスロープか下りのスロープかを伝えます。スロープの角度がきつい場合や、長いスロープ途中で平らな部分が何か所かある場合などは、そうした情報もしっかりと伝えるようにします。角度のきつい下りのスロープのときには、歩く速度を緩めます。

②スロープが終了したらいったん止まり、終了したことを伝えます。

③歩道を歩いていて、駐車場の入口など、建物側から道路側に向けて歩道が傾いている場合には特に止まる必要はありませんが、その情報を伝えてください。場合によっては位置を代わってほしい視覚障害者もいます。

6 またぐ

「またぐ」という動作は、溝や水たまりのような街中での移動に必要になるだけでなく、電車に乗る場合にも必要になる動作です。

①スロープの場合と同じように溝などに直角に近寄ります。水たまりなどをまたぐときは、一番距離が短そうなところを選びましょう。

②必ず手前でいったん止まり、またぐことを伝えます。またぐ幅など、溝や水たまりの様子もしっかりと伝えるようにします。場合によっては視覚障害者が同行援護従業者のすぐ横に並ぶように伝えます。溝の場合は、視覚障害者に端を確認してもらうように伝えます。

③同行援護従業者は、視覚障害者がいる側と反対側の足で溝をまたぎます。このとき、同行援護従業者はまだ重心を前に移さないようにします。重心を前に移動すると腕も一緒に前に出てしまうため、視覚障害者がそれに合わせて前に出てしまう可能性があるからです。

④同行援護従業者は視覚障害者の足元を確認し、またぐ準備が整っていることが確認できたら重心を前に移しながら声かけをし、それに合わせて視覚障害者は一歩めの足を出し溝をまたぎます。視覚障害者の最初の足がしっかりとまたいだことを確認したら、同行援護従業者は視覚障害者に声をかけ、残りの足と同時、あるいは、少し遅れるくらいのタイミングでまたぎます。この

間も足元への注意は忘れないでください（図8-7）。

⑤視覚障害者が両足ともまたいだことを確認し、いったんしっかりと停止した後、歩き出します。

またぐ動作の際には、視覚障害者の持っている同行援護従業者の腕は脇にしっかりとめておきましょう。

図8-7　またぐ

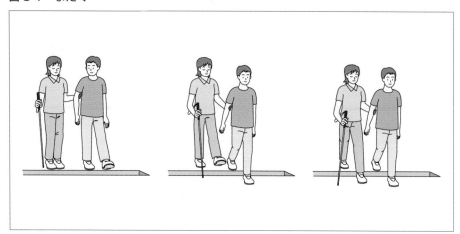

5 狭い場所の通過

1　縦に並ぶ手順と戻り方

①二人並んで通れない場所を通るときには、視覚障害者が狭い場所の正面に立つように位置取りをしながらいったん止まり、視覚障害者に、狭い場所を通ること、同行援護従業者が視覚障害者の前に位置取りすることを伝え、その際に握られている腕を、背中側に回します。

②視覚障害者が、同行援護従業者の後ろに回り込むのは決してやさしいことではないので、同行援護従業者が視覚障害者の前に出るようにします。その際は、言葉で前に出ることを伝えます。

③狭い場所を通過している間は、視覚障害者と同行援護従業者の身長差がある場合は、同行援護従業者は握られている手を背中から浮かして、前後の距離を調節します。視覚障害者が同行援護従業者の足につまずかないようにします（図8-8）。

④視覚障害者が狭い場所を通過したら、いったん止まります。そして、通過し終わったこと、元の姿勢に戻ることを伝えて、同行援護従業者が移動するようにします。

図 8-8　狭い場所の通り抜け

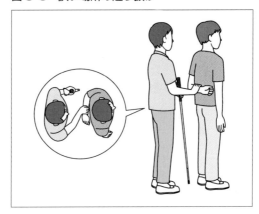

2　他の方法

①肩に手を置いた誘導の場合などは、狭い場所の直前でいったん止まり、肩に
　置いた手を同行援護従業者の反対側の肩に置き換え、一列になって通過する
　こともあります。また、両肩や両肘をつかんで通過する方法もあります。
②通過後は、いったん止まってから元の形に戻ります。
　さらにもっと狭い場所（映画館・劇場・スタンド）などでは、横になって歩
くこともあります（図8-9）。なお、壁などで狭くなっているときなどは、そ
の壁に視覚障害者の手を触れてもらうように手を誘導すると、壁などにぶつか
ることを防ぐことができます。

図 8-9　横に歩く方法

6 ドアの通過

　　ドアを開けるときは同行援護従業者が開けますが、そのまま放っておいても閉まるドアの場合を除いて、誰かがドアを閉めなければなりません。視覚障害者が閉める場合もあるでしょうが、同行援護従業者が閉めているケースが多いようです。いずれにしても、ドアに接近するときにどちらに蝶番があって、押して開くのか、それとも引いて開くのか、あるいは引き戸なのかを伝えることが大切です。

　　ドアの通過の際に一番気をつけなければならないことは、視覚障害者がドアや壁にぶつかったり、手をはさまれたりしないように注意をはらうことです。また、手前に引いて開けるドアの場合などは、あまりドアに接近しすぎるとあとずさりをしなくてはならなくなりますので、距離感をしっかりととらえておく必要があります。

①同行援護従業者がドアをしっかりと開けます。できるだけ大きく開けるほうが通りやすくなります。

②視覚障害者にそのドアを押さえてもらえる場合は、お願いするとよいでしょう。そうでない場合は、同行援護従業者が押さえることになりますが、視覚障害者がぶつからないように、ドアや壁に視覚障害者の手を誘導するようにします。この際には、同行援護従業者は誘導をしている（握られている）腕で、自分の体から遠いほうの視覚障害者の手をドアなどに導いてください（図8-10、8-11）。

③ドアを閉める場合、視覚障害者に閉めてもらえるときはお願いするとよいでしょう。そうでない場合は、完全にドアを通過後に同行援護従業者は、「ドアを閉めます」と伝え、体の向きを変えずに、誘導していない手で、視覚障害者が同行援護従業者の腕に触れている側の手を下から軽く上げて、同行援

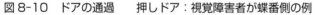

図8-10　ドアの通過　　押しドア：視覚障害者が蝶番側の例

図8-11　ドアの通過　　引きドア：視覚障害者がドアノブ側の例と蝶番側の例

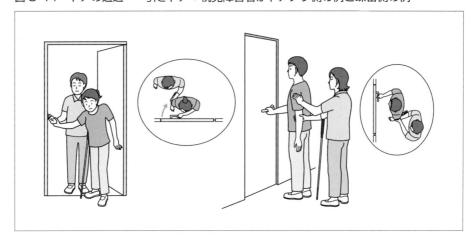

護従業者の腕から離し、そのままの状態で、同行援護従業者だけ体をドア側に向けてドアを閉めます。そうした形がとれないときは、ドアを通過後、視覚障害者に壁などの近くで待ってもらい、同行援護従業者がドアを閉めます。ドアを後ろ手で力任せに閉めることは危険が伴う場合もありますので、避けるようにしましょう。

7 いすへの誘導

いすにはさまざまな種類があります（図8-12）。どのような種類のいすか、いすがどちらを向いているか（どちらを向いて座るか）を知ると座りやすくなるので、いすに近づきながらいすの種類や座る向きを伝えます。前から近づくか、後ろから、あるいは横からかは、そのときの状況にもよりますが、どちらからでも座れるようにすることが大切です。

1　座面の四角い背もたれのあるいすの場合

①視覚障害者をあまり動かさずに、四角い座面の1つの辺に直角に接近し、視覚障害者が一番いすに近づくような立ち位置をとります（図8-13）。

②いすの直前で止まったら、視覚障害者の手を背もたれと座面に導きます。その際、同行援護従業者は先に、自分の体から遠いほうの視覚障害者の腕を、握られている腕で背もたれに導き、その後に同行援護従業者に触れている視覚障害者のもう一方の腕を、座面に導きます。

こうすることで、同行援護従業者は自分の体の向きが変わっていないことを視覚障害者に伝えることができるため、視覚障害者も無駄に動くことなく

図8-12　いろいろないす

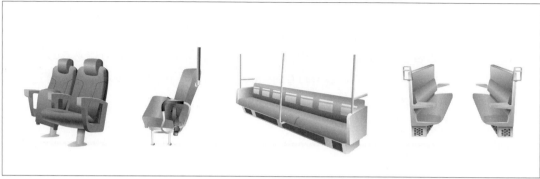

図8-13　いすへの誘導の仕方

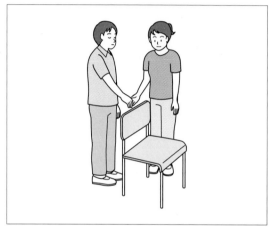

図8-14　いす・机がある場合の誘導の仕方

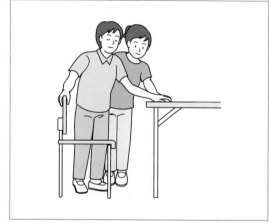

いすを確認して座る行動につなげることができます。

③視覚障害者が座ろうとしているときは、同行援護従業者はすでに視覚障害者に触れておらず、自由な状況になっていますが、視覚障害者が座る際にいすが動いてバランスを崩したりしないか、十分見守ることが必要です。

④いすに背もたれや肘かけがあったり、テーブルや机がいすの前にあったりするときは、座る際にぶつからないよう、前もって肘かけやテーブルなどに左右の手をそれぞれ導いて確認してもらいます（図8-14）。

2　長いすの場合

①長いすの場合は真正面から接近した状態で説明をすることが多くなりますが、その際、両側に人が座っているのかどうかも伝えてください。

②いすの背もたれ側が壁になっているときには、壁に触れてもらい、視覚障害者の頭などがぶつからないような配慮が必要です。

③同じような長いすでも映画館やホールの座席の場合は、前の座席の背に触れ

ながら横歩きをしてもらったり、同行援護従業者が先に立ち、手をつないで横歩きをしたりします。目的の座席の真正面で止まり、座席の状態（はね上がっているかどうかなど）を知らせ、確認してもらいます。

④このとき、座っている位置がホールや部屋の中でどのあたりにあるのか（座っている位置からの舞台の方向、前方か後方か、出口はどの方向かなど）、ホールや部屋の様子がどうなっているかも伝えます。

3 　丸いすの場合

①診察室にあるような丸いすの場合は、座面に視覚障害者の手の甲を導き、併せて座面の大きさも確認してもらったうえで座ってもらいます。

②いすの向きはいったん座ってから変えましょう。

　いすに座るときは、どの場合も視覚障害者に周囲の状況を伝え、座る動作をしている間はしっかりと見守りましょう。状況によっては、すぐに援助できるように体勢を整えておくことが必要です。

8 段差・階段

1 　一段の段差

　スロープに比べると、段差の場合は同行援護従業者も注意をはらうことが多いようですが、一段であっても気を抜かずに声かけを行ってください。またこのあとに述べる階段の技術は、段差の延長でもあります。段差で使用する技術をしっかりと身につけるようにしてください。

①段差には直角に近づきます。できる限り段差に近づき、段差があることを伝えて止まります。しっかりと動きは止めてください。その際、「上り（下り）の段差です」などと、上りか下りかも必ず伝えます。

②同行援護従業者は、視覚障害者のいる側とは反対側の足を段差に上げ（下げ）、視覚障害者に段差を確認してもらいます。特に、下りの際は段鼻の先端部分の確認を怠らないようにする必要があります。同行援護従業者は、足を上げる際に重心を前に移してはいけません。「またぐ」場合でも述べたように、重心を移すと同行援護従業者の腕も動くため、視覚障害者もそれにつられて前に移動してしまい、大変危険です。

③視覚障害者が段差を確認したら、同行援護従業者は重心を前に移し、段差を上り（下り）ます。なお、段差に上がる（下がる）際は、段差のぎりぎりの

所に足を置かず、少し前に置くようにしてください。そうすることで、視覚障害者も段差を上り（下り）やすくなります。

④上り（下り）終わったら、しっかりと動きを止めましょう。また、同行援護従業者はこの間、常に視覚障害者の足元に注意をはらうようにします。

2 階段

階段では、手すりを使用するかどうか前もって確認しておくことが必要です。確認しておくことで、階段のステップのどこに近づけば合理的かが把握できます。

①段差の場合と同様に、階段には直角に近づきます。斜めに近寄ると踏み外したり、つまずいたりすることがあります。

②階段にできるだけ近づいて、直前で止まります。必ず上りか下りかも一緒に伝えてください。また、階段の長さや踊り場の存在などもこのとき伝えておくと、視覚障害者がこれからの動きの予測をたてやすくなります。

③前もって、手すりを利用することが確認できていれば、ここで、手すりに視覚障害者の手を誘導してください。この際、握られているほうの腕で視覚障害者の手を手すりに誘導します。同行援護従業者が空いている腕で誘導をすると、体の向きを大幅に変えることになり、視覚障害者もつられて向きを変える可能性があります。

④視覚障害者の手を手すりに誘導しながら、視覚障害者と反対側の足を一段上（下）に進めます。段差の場合と同様、重心は移動しないように注意が必要です（図8-15、8-16）。

⑤視覚障害者がステップを確認し、上る（下る）準備ができたことを確認したら、同行援護従業者は重心を前に移して上り（下り）始めます。同行援護従

図8-15　階段の上り方

図8-16　階段の下り方

業者は、常に一段先を進むことになりますが、視覚障害者の足元への注意を忘れてはいけません。ただ階段では、前から来る人に対しての注意も必要になります。

上る（下る）際のリズムは、視覚障害者により異なります。同行援護従業者がそのリズムに合わせられるようにしましょう。リズムが合わなくなると、動きがぎこちなくなり危険です。また、階段に接近したときと同じように、階段を上って（下って）いるときも直角に進むよう心がけてください。特に、階段が終わったあとや右や左に向きを変える必要がある場合に、階段が終わる前から向きを変え始めてしまう傾向もみられます。最後まで同じ向きを保つことで安全が確保できます。

⑥同行援護従業者が階段を上り（下り）終わったら、その場で必ず止まります（図8-17）。そのときに階段が終わる旨を視覚障害者に知らせます。そのタイミングは難しいので、視覚障害者と話し合っておくことも必要です。

⑦同行援護従業者が最後の段を上り（下り）終わるときには、広めに足を出すようにします。そうすることで、視覚障害者の握っている手や足の運びに余裕ができます。

白杖を利用して、自分で段を確認しながら上ったり下ったりする人もいますし、手すりをつかむことで単独で移動する視覚障害者もいます。その場合は、同行援護従業者は上りの場合は後ろ、下りの場合は前に位置取りすることで、安全性を確保します。

らせん階段や不規則な幅の階段では、一段ずつ止まったり、危険な側に同行援護従業者が位置取ったりするような工夫も必要になります。また、らせん階段の上り下りでは、右回りか左回りかをあらかじめ伝え、視覚障害者が同じ感覚で足が運べるようなルートを選ぶと安全です。

これらのことに加えて、途中で踊り場が何か所かある場合、その数も伝えておくとよいでしょう。そうすることで情報が伝わり、視覚障害者は予測ができることとなります。

図8-17 階段が終わるとき

9 交通機関の利用の基本

　同行援護では、自宅から目的地まで歩行のみというケースだけではなく、交通機関を利用するケースが多くみられます。

　交通機関の利用にあたっては、同行援護における各種技術を必要とするだけではなく、言語を利用したさまざまな情報提供や交通機関の利用の際に適用される各種福祉制度についての知識等も求められます。交通機関の利用が単に技術にとどまるものではないことの認識を持つことが必要です。

　また、技術面においても交通機関の利用の際のみに使用する技術はほとんどないため、各種技術の演習においては、常に電車やバスの乗降等を意識して、時には仮想空間において実践的な練習を行うことが重要です。またぐ、上る、降りる、狭いところを通過する、エスカレーターを利用する、いすに誘導する等の技術や、切符の購入等で視覚障害者を待たせる際の当然の配慮等については特に意識するとよいでしょう。当然のことですが、応用課程における演習では、実際に電車やバスを利用しての演習が必須です。イメージだけの演習は危険です（第9章参照）。

　実際に交通機関を利用しての同行援護を行う際には以下の点に注意をしましょう。

①どの交通機関を利用するのか、どのルートで移動するのかについて、同行援護従業者が独断で決めないようにしましょう。視覚障害者への確認を確実なものとしましょう。

②乗車券については、交通系のカードがだいぶ普及していますので、それらの利用方法について、十分理解しておいてください。ただし、カードの利用についても視覚障害者がその決定の主体であることを忘れないようにしましょう（第2章「⑧移動に関係する制度」参照）。

③カードや切符をどちらが持つのかも事前に確認してください。

④電車の場合、自動改札を通るのか、有人改札を通るのかの確認が必要ですし、それぞれ手順が異なる場合がありますので、事前に状況の把握に努めてください。

⑤現在、身体障害者手帳や割引乗車票の提示は、交通料金の割引に際しての基本事項ですので、交通機関を利用する際には、特に携行に注意しましょう。

⑥上記のように、交通機関の利用は切符の購入の段階からすでに始まっています。電車に乗る場合のホーム上の移動、バス停のバスの待ち方等も重要な項目です。

　交通機関の利用は、自分たちのペースで手順を進めることができない場面も出てきます。とはいっても、決してあわてずに、視覚障害者の安全を確保することが重要なことです。

第8章

基本技能

149

第9章 応用技能及び交通機関の利用

応用技能及び交通機関の利用

第 9 章

※ **1** 環境に応じた歩行・**2** さまざまな階段・**3** さまざまなドア・**4** エレベーター・**5** エスカレーター・**6** 車の乗降については、一般課程の「応用技能」に含まれます。

1 環境に応じた歩行

　ここでは、さまざまな環境に応じた歩行について述べます。しかし、これはあくまでも基本の技術であって、状況によって変化することを踏まえておくことが重要です。

1 歩車道の区別のない道路

①歩道と車道の区別がない道路では、工事中であったり、障害物が多いなど例外はありますが、同行援護従業者が車道側を歩くのが基本です。しかし、視覚障害者が車道側にいる場合でも、位置を変えることが少ないのが実状ですが、車道側に位置することを伝え、位置交代が必要かどうか確認しましょう。位置を変えると白杖（はくじょう）の持ち手を変えなければならなくなり、白杖からの情報が伝わりにくくなるので、そのまま車道側を歩く場合が多いようです。その際、同行援護従業者はより注意が必要になってきます。

②白線で車道と歩道が区別されている場合は、基本的には白線内を歩きます。その場合にも位置交代が必要なことがありますが、視覚障害者に確認し、歩きやすい方法をとることが大切です。

③歩車道の区別のない道路を歩くときに道の左右どちら側を歩くかは、視覚障害者がどちら側にいるかで変わってきます。同行援護従業者の右側に視覚障害者がいれば、道の右側を歩くのが原則です。ルートを取るときにあらかじめ注意しておくことが重要となります。

④歩道のない道路の場合は、ルート取りが重要な要素となるため、きちんと道路の状況を把握するようにします。

⑤いずれの場合も、道路を走ってくる自動車やオートバイ、自転車、歩行者などの動きを確認しなければなりません。前方だけでなく後方にも注意を向けておく必要があります。ハイブリッドカーや自転車など音の静かな車両が接近してくることもあるため、目視する必要があります。同行援護従業者は時々、後方を確認することが必要となりますが、その際も体の向きは極力変えないように注意しましょう。不用意に上体を動かすとその動きにつられて視覚障害者の向きが変わってしまうことがあり、危険な状態を招きかねません。

2　歩道

　　歩道上ではさまざまな状況がありますが、基本的に次のことに注意する必要があります。

①混雑状況への対応としては、周囲の人の動きを早めに察知するように心がけることが必要になってきます。また混雑した歩道上では、行きかう歩行者と接触する可能性が高い歩道の中央寄りを同行援護従業者が歩くことが基本となりますが、白杖の持ち手との関係もあり、視覚障害者に確認することが必要です。

②同行援護従業者は路面だけでなく、動いている物に対しても気を配る必要があることを自覚する必要があります。

③最近では歩道上を走ってくる自転車も多いので、注意を怠らないようにしましょう。

④歩道の切れ目や駐車場への誘導路、路地などの段差には、そのつど声かけが必要となります。

3　横断

①道路を横断する場合、少し遠くても横断歩道のある場所で横断するのが基本です。

②道路を横断するときには、手前でいったん止まり、左右の安全確認を行ってください。また、広い道路では、「片側○車線です」などと道路の幅を伝えておく必要があります。

③信号待ちの状況や信号の変化など、細やかな情報提供を行うことに心がけてください。

④接近してくる車両や自転車など、周囲に対する安全確認も必要です。

⑤横断歩道がない場合は、安全な見通しのよい場所で道路の最短距離を渡るようにします。斜め横断をしてはいけません。

4　混雑時

①混雑時には、歩道上の歩行と同様、どこを歩けば利用者の安全をより確保できるかを絶えず考えることが必要です。人の流れを読み、その流れに乗ることも必要となります。状況によっては「狭い場所の通過」のように、一列になることも考えておく必要があります。

②周囲の状況を常に観察し、横から出てくる人や、下を向いてくる人、携帯電話などを操作しながら歩く人などはいち早く見つけ、回避するようなルート

取りができるよう心がけましょう。情報提供のないまま、突然止まったりしないように注意してください。

2 さまざまな階段

階段にはいろいろな種類があります（図9-1）。同行援護従業者は、環境を的確に観察し、安全に同行援護ができるようにしましょう。

図9-1　さまざまな階段

1 踊り場がある階段

①いったん階段が途切れ、引き続き階段が始まる場合には、踊り場に着いたら「踊り場です」と声かけをします。その声かけで、まだ階段が続くということがわかります。踊り場が複数ある階段では、階段を上り始める（下り始める）前に「踊り場が△箇所あります」と声をかけることが必要です。

②踊り場の距離が短かったり長かったりする場合には、「短めの（長めの）踊り場です」と声かけをします。

③踊り場を右（左）に回って階段が続く場合には、「右（左）回りの踊り場です」と声かけしましょう。踊り場での同行援護従業者の足先は、階段に対して直角になるようにします。次の階段の方向に足先が向かないようにすることが大切です。

2 らせん階段

らせん階段はカーブに合わせて階段があるため、1つの段でも内側部分の幅が狭く、外側ほど広くなっています。視覚障害者には一番歩きやすい位置（視覚障害者が同じ感覚で足が運べるようなルート）を選ぶと最適です。手すりが

ある場合は事前に伝え、使用の有無を確認しましょう。またどちら回りのらせん階段か（右回り・左回り）も忘れずに伝えましょう。

3　幅広の階段

　　一歩では上れない（下れない）ような幅の広い階段では、幅の広さを伝え、一段ずつ声をかけながら上るなどの工夫が必要です。場合によっては一歩ずつ足をそろえて上る（下る）方法をとる場合もあります。視覚障害者とリズムを合わせ、安全に上り下りしましょう。

4　不規則な幅の階段

　　公園にあるような不規則な幅の階段では、ゆっくりあわてることなく上り下りすることが大切です。一段ずつ止まり幅を説明したり、危険な側に同行援護従業者が位置取りするような工夫も必要になります。

5　土留めの階段や木道の階段

　　公園などでは石でできた階段や土留めの階段、木道の階段などがあります。ステップ、高さ、幅、長さなどが異なりますので、普段以上に注意が必要となります。また的確な情報提供がより必要になります。さらに、視覚障害者の足元の安全確認が重要です。絶えず、さりげなく足元を確認するようにしてください。いずれも、ゆっくりあわてることのないように上り下りしましょう。

3 さまざまなドア

　　ドアにはいろいろなタイプがあります。ドアの通過の基本は「第8章　基本技能」で述べましたが、いろいろなドアのタイプの特徴を踏まえたうえで、視覚障害者がドアにぶつかったり挟まれたりしないような注意が必要です。

1　自動ドア

　　①両開きの自動ドアの手前でいったん止まり、自動ドアを通過することを伝えます。二重の自動ドアになっている場合は2つの自動ドアを通過することを伝えましょう。また床に足ふきマットが敷いてあるところもあります。入ったら路面の状態が変わることを前もって伝えておきましょう。

②自動ドアが十分に開いたことを確認してから進み、自動ドアを通過します。開き切らないうちに進むと、二人幅で通過ができずに視覚障害者がドアにぶつかる危険がありますので、同行援護従業者は十分な注意が必要です。

③通過時に、自動ドアのレールやマットなどにつまずかないよう、声かけをするとともに足元の確認が必要です。白杖がマットに引っかかったり、レールの溝に挟まったりしないように注意します。

④片開きの自動ドアの通過は、「狭い場所の通過」の方法で、一列で通ります。視覚障害者がドアにぶつかったり、マットに引っかかったりしないよう注意が必要です。

2　回転式のドア

最近は回転ドアを設置する施設の数も少なくなり、設置されている場合は横に通常のドアが併設されていることも多くなってきました。そのときは通常のドアを通過します。

①回転式のドアは挟まれたり、入るタイミングが難しかったり、入っても挟まれたりする危険があります。また、同行援護従業者と視覚障害者が二人で1つのスペースに入ることを拒まれることもあります。係員がいる場合は二人で通りたい旨を伝え、回転の速度をゆっくりするなど配慮してもらうようにします。

②係員がいない場合は、注意して通り抜けます。

3　スイングドア

①スイングドアは跳ね返りがあるので、視覚障害者の手をドアに導くなどすると、危険防止となります。また不用意に手を離すと自動で戻るので、手を離すタイミングなどに注意しながら通過します。

②後ろに人が続いている場合なども、ドアから不用意に手を離さないように注意しましょう。

4 エレベーター

　はじめに視覚障害者に対し、エレベーターを利用するかどうかの意思を確認します。

①エレベーターを待つときには、エレベーターから降りてくる人が視覚障害者に接触しないような場所、視覚障害者が壁に近い側に位置するようにします（図9-2）。扉の開閉する部分にいると、降りてくる人と接触する可能性がありますので、同行援護従業者は注意してください。エレベーターの扉の開閉、混雑時の対応にも留意する必要があります。

②エレベーターが複数ある場合は、少し離れた場所で待つようにすると、どこが到着したかわかりやすく乗り込みしやすくなります。

③エレベーター内では、混雑状況や視覚障害者と同行援護従業者がどこにいるかを考えて、位置取りを行うようにします。降りるときに効率よく行えるように配慮してください。

④エレベーター内部で移動するときには、視覚障害者のわかりやすい方法で行います。この場合、他の利用者に対する配慮も忘れないようにしましょう。

⑤乗降時には、足元の安全を確認します。場合によっては入口付近に段差ができる場合がありますので、足元の確認を必ず行います。ドアの開閉時間が短く、すぐに閉まってしまう場合は、同行援護従業者がエレベータードアを手でおさえます（図9-3）。

⑥降りてからも、待っている人や通行する人に対する注意が必要です。視覚障害者が接触しないように同行援護従業者は周囲に注意し、速やかにその場を離れるようにしましょう。

図9-2　エレベーターを待つ位置

図9-3　エレベーターから降りる場合

5 エスカレーター

　エスカレーターは、同行援護の際、唯一「動いているもの」への乗降となりますので、安全を第一に考慮することが重要です。事前に必ず、視覚障害者にエスカレーター使用の意思を確認してください。無理にエスカレーターを利用すると大きな事故を招きかねませんので、視覚障害者の意思を尊重しましょう。

　利用する場合でも、乗降にはさまざまな方法があります。必ず視覚障害者に確認し、一番慣れている方法で利用しましょう。視覚障害者の安全を考慮した形で行うことが重要です。使い慣れていない場合は、乗れずに取り残される場合が考えられるため、注意が必要です。また、エスカレーターは二人幅で乗れるタイプや一人幅のタイプがあります。事前に情報提供をしておきましょう。

①乗る前に「上りのエスカレーター」か「下りのエスカレーター」のどちらに乗るのかを必ず伝えましょう。

②乗降時は、同行援護従業者が視覚障害者の乗ったステップの位置や足元の確認をし、ステップの枠から外れている場合などは、足の位置の修正が必要なことを速やかに伝えましょう。また、隙間に靴の先を挟まれたり靴ひもを巻き込まれたりする危険がありますので、注意が必要です。

③乗降時の基本はベルトに手を誘導することです（図9-4）。エスカレーターが終わるときには視覚障害者を一人で歩かせることのないよう、同行援護従業者の待つ位置が重要です。エスカレーターのステップが終わる所で待つようにしましょう。

④エスカレーターを使い慣れている人は、ベルトに手を誘導することでスムーズにエスカレーターを利用できることも少なくありません。

図9-4　視覚障害者が一人で乗る場合のベルトへの手の誘導

1　上りの場合

　　上りのエスカレーターを利用する場合には、二人で一緒に乗る方法と、一人で乗る方法があります。

①高齢者であったり、使い慣れていない視覚障害者の場合は、同行援護従業者と視覚障害者が並んで一緒に乗る方法がよく使われます。一緒に乗ることで、タイミングがとりやすいようです。エスカレーターに足を踏み出すタイミングで声かけをします。このようなときでも、乗ったあとは反対の手をベルトに誘導してください。反対の手を誘導するときには、同行援護従業者は握られている側の手を使うことが重要です。反対の手で誘導すると、同行援護従業者の体の向きが変わることになり、危険な体勢になるため、注意が必要です。

②視覚障害者が先に乗り、あとから同行援護従業者が乗る一人乗りの方法もあります。一人幅のエスカレーターの場合は、この方法を用います。同行援護従業者は視覚障害者の手をベルトに誘導し、視覚障害者はベルトの動きによって一人で乗ります。タイミングをはかって声かけをすると、より乗りやすいでしょう。

　　同行援護従業者は視覚障害者の足元が安全な位置に乗っているかを確認し、状況によっては、段がつき始める前に安全な位置に修正するよう声かけをしましょう。同行援護従業者は一段下に乗り、見守ります。

　　終わりに近づいたら、同行援護従業者が視覚障害者を追い越し、先に降りてエスカレーターが終わる位置で待ちます。視覚障害者を一人で歩かせることのないよう、立ち位置に気をつけてください。エスカレーターの段が終わるときに、タイミングよく「終わりです」の声をかけながら、ベルトにのっている視覚障害者の手を取りエスカレーターを降ります。降りたら速やかにその場を離れるようにしましょう。

③エスカレーターを使い慣れている人の場合、基本姿勢のまま乗ることがあります。基本姿勢のまま二人でタイミングをはかって乗ったら、同行援護従業者が一段上に乗ることになり、基本姿勢を崩さずにエスカレーターの乗降ができます（図9-5）。その際にも、同行援護従業者は足元を確認するようにします。状況によっては段がつき始める前に声かけをして、立ち位置を修正するようにします。重心が後ろにかかると転倒する危険がありますので、しっかり確認するようにしましょう。

図9-5　上りのエスカレーター

2　下りの場合

　　下りのエスカレーターの場合も上りのときと同様に、二人で乗る方法と、一人で乗る方法があります。

①基本は上りのときと同じです。足を踏み出すタイミングで声かけをすることや、足元が安全な位置に乗ったかの確認をすることが大切です。状況によっては段がつき始める前に立ち位置の修正をするよう声かけをしましょう。

②視覚障害者が先に乗り、あとから同行援護従業者が乗る一人乗りでは、視覚障害者が乗ったすぐあとに、同行援護従業者が視覚障害者を追い越し1段下に乗るようにします。同行援護従業者は先に降りてエスカレーターが終わる位置で待ちます。視覚障害者が一人で歩くことのないよう、立ち位置に気をつけてください（図9-6）。降りたら速やかにその場を離れましょう。

③使い慣れている視覚障害者の場合、基本姿勢のまま乗ることがあります。基

図9-6　下りエスカレーターの終わり（一人乗りの
　　　　場合）

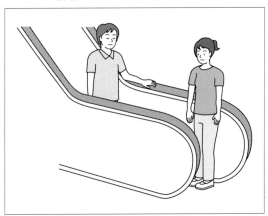

本姿勢のまま二人でタイミングをはかって乗ると同行援護従業者が一段下に乗ることになり、基本姿勢を崩さずにエスカレーターの乗降ができます（図9-7）。その際にも、同行援護従業者は足元を確認するようにします。状況によっては声かけをして、立ち位置を修正するようにします。

図9-7　エスカレーターの下り

6 車の乗降

①車両の種類（4ドア、2ドア、ワゴン）を伝えておくと、座席の高さや天井などの予想がつくので、ぶつけたりつまずいたりすることが少なくなります。
②車に乗る際には、開いたドアと車の天井に手を誘導したあと、シートを確認してもらうと乗りやすくなります。前もって車の前方がどちらかを伝えておくと、さらに利用しやすくなります（図9-8）。

図9-8　車に乗る場合

③同行援護従業者も一緒に乗る場合は、視覚障害者が先に乗り、同行援護従業者はあとから乗るようにします。

④降りるときは、車内の上部とドアに触れて確認してもらうようにします（図9-9）。同行援護従業者が先に降り、自転車やバイク、通行人が来ないことを確認しましょう。

⑤タクシーの場合は、比較的狭い場所や車両の多い場所での利用が多いと考えられますが、その場合も落ち着いて安全を確認しながら同行援護を行うことが重要です。

図9-9　車を降りる場合

7 電車の乗降（＊）

電車には通勤型・列車型・路面電車などの種類があります。乗降の仕方は基本的には同じですが、それぞれのタイプで注意しなければいけないことが変わってきます。ホームを移動する際には、視覚障害者が線路側（ホームの端）に位置しないように気をつけましょう。

1　基本の乗降の仕方

①電車が入線してくることや、車内の様子（降りる人の有無、混雑度など）を口頭で伝えます。

②電車が停車したら、車体に直角に近づきます（図9-10）。斜めに近寄るのは、階段の場合と同様危険です。

③列に並んでいるときなどは前列に従い移動しますが、降りてくる人に視覚障害者が接触しないよう立ち位置などに配慮しましょう。

④白杖を持つ側の手で車体を確認してから電車に乗ることを希望する人もいます。乗り方についても事前に確認しておくとよいでしょう。また、そのときの手の誘導は握られている側の手で行います。

⑤同行援護従業者は、ホームと電車の隙間や電車の床の高さなどを伝えます。視覚障害者によっては白杖で確認する人もいますがしっかり伝えましょう。

⑥乗車するときにはホーム（車体）の端で必ず停止します。同行援護従業者は、視覚障害者と反対側の足を車両に乗せるようにし、ホームと電車の双方に足を置きます。視覚障害者はホームの端を足や白杖で確認するとともに、1歩めを踏み出します。このときの同行援護従業者は視覚障害者の足の動きをしっかりと確認することが大切です（図9-11）。また、他方の手を電車の車体や手すりに誘導することもあります。視覚障害者が乗車したことを確認してから、同行援護従業者のホーム側の足をホームから車両に移します。

⑦乗車したら速やかに動くようにします。ドアが閉まるとすぐに発車しますので、同行援護従業者は手すりやつり革につかまりながら移動してください。

⑧座るときにはいすの向きや形態（ロングシート、ボックス型）を説明しておくとスムーズに座れます。座席に座る場合は隣にいる人（男性、女性、子ども）を伝えるようにします。また、荷物などが隣りの人にぶつからないような配慮も必要です。

⑨座るところがない場合には、固定された手すりをつかむようにします。つり革は手すりが空いていない場合に使用するようにしてください。

⑩降りるときには、同行援護従業者は車体の端で必ず停止します。同行援護従業者は、視覚障害者と反対側の足をホームに乗せるようにし、ホームと電車の双方に足を置きます。視覚障害者は車体の端を足や白杖で確認するとともに、1歩めを踏み出します。このときの同行援護従業者は、視覚障害者の足の動きをしっかりと確認することが大切です（図9-12）。また、他方の手を

図9-10　電車への乗車①

図9-11　電車への乗車②

図9-12　電車を降りる場合

電車の車体や手すりに誘導することもあります。視覚障害者が降車したことを確認してから、同行援護従業者の車両側の足を車両からホームに移します。
⑪同行援護従業者は常に周囲に注意をはらいますが、特に視覚障害者の足元、足の動きには十分に注意し、安全を確保してください。

2　電車（列車型）

基本的な乗降の仕方は通勤型と同じです。
①新幹線など列車型の場合、ドアが前と後ろの2か所設置のタイプが多いので、待つ位置に注意する必要があります。
②列車型の車体には、ステップのあるタイプや、床面がフラットなタイプなどがあります。乗車する際にしっかり情報を伝えましょう。
③ドアの幅が狭いときには、同行援護従業者は少し斜めに体を使うようになります。視覚障害者の足の動きをしっかり確認しながら移動しましょう。
④列車型の場合、乗車後デッキにとどまるか奥に行くかの判断は視覚障害者に確認するようにしましょう。また、中まで移動する場合、通路などが狭いので「狭い場所の通過」の要領で歩くようにします。荷物などが他の乗客にぶつからないように配慮が必要です。
⑤列車型では、いすの向きや形態（ボックス型、二人横座り）を説明し座ります。ボックス型の場合、原則として窓側に視覚障害者が座るようにします。荷物の棚がある場合は頭上に注意し状況を伝えます。

3　路面電車

①路面電車のホームは特に幅が狭いので、ホームを歩くときには「狭い場所の

通過」で歩くようにしましょう。

②入線してきたら、電車が入ってきたことを口頭で伝え、車内の様子も同時に伝えますが、電車に接触しないように配慮することが大切です。

③電車へは直角に接近しますが、ホームが狭いので十分な注意が必要です。

④乗車するときに整理券を取ることや、前払いのときの料金箱へのお金の投入などの動作が加わる場合もあります。

⑤座席が空いているときなど、着席するまで発車しない場合がありますので、空席に速やかに移動して座るようにしましょう。座った場所の状況によっては、降りるときに押すブザーの場所も知らせるようにします。

⑥走行中は細かな前後の揺れがありますので、立っている場合は必ず手すりやつり革につかまるようにしてください。

⑦降りるときには、同行援護従業者が先に降りますが、料金箱に運賃を入れる動作やカードをタッチする動作も加わることになります。

8 バスの乗降（*）

1 路線バス

バスでの移動をより安全に効率よくするために、事前に経路などを確認しておくとよいでしょう。バスの乗降口は狭く障害物も多いので、視覚障害者がぶつからないように的確な声かけが必要です。

①バスが接近し車内が見えたら、バスの車内の様子（車内の混雑度・乗り方のタイプ）を伝えます。バスが停車したら、車体と歩道・車道との間の幅を伝え、段差などに注意し、バスの乗り口に直角に接近するようにします。

②乗り口の手すりや車体に視覚障害者の手を誘導することで、バスとの間隔もわかりそのまま一人でバスに乗ることもできますが、乗り方は事前に確認しておいてください。

③路線バスの場合、同じ路線でもさまざまな車両（低床型ノンステップバス、低床型ワンステップバス、従来の2段・3段ステップバスなど）がありますので、それらのタイプを伝え、注意を促します。

④乗車場所も、前、中央、後ろなどさまざまですので、乗車前に伝えるようにします。

⑤移動支援の基本姿勢のままで乗車する場合は、ステップを1段ずつゆっくり上ってください（図9-13）。このとき、同行援護従業者は必ず視覚障害者の足元を確認しながら安全に乗り込めるようにしてください。ステップが扇形に切れている場合などでは、乗降時に声かけをするなど注意が必要です。

⑥乗車するときに整理券を取ることや、前払いのときの料金箱への投入などの動作が加わる場合もあります。その際には同行援護従業者が行うのが基本ですが、視覚障害者には事前に同行援護従業者が行うことを話しておきましょう。前払いの場合は事前に料金を預かるなどしてください。

⑦ステップの少ない車両では、逆に車内に段差が設けられているため、車内の観察をきちんと行うとともに、そのことを視覚障害者に伝えましょう。

⑧座席が空いているときなど、着席するまでバスが発車しない場合がありますので、空席に速やかに移動し座るようにしましょう。座席は、一人掛け、二人掛け、横向きなどがあります。どこに座るか早めに決めて伝えるようにします。座ったときなど状況によっては、降りるときに押す「ブザー」の場所も知らせるようにします。同行援護従業者もできるだけ座るようにしますが、視覚障害者のそばに座れなかったときには声かけをして、離れた席にいることを伝えるようにします。用があるときの合図を決めておくとよいでしょう。

⑨バス車内の移動時にポール（にぎり棒）に視覚障害者が頭をぶつけないように注意してください。

⑩降りるときは、料金箱に運賃を入れる動作やカードをタッチする動作も加わることになります。バスから路上に降りるときには、同行援護従業者が先に降り、左右を見渡して自転車やバイク、通行人がいないことを確認しましょう（図9-14）。

⑪料金を支払う際には、必ず障害者手帳の提示を求められます。準備をするように促しましょう。

※路線バスでも観光バスのタイプがあります。その場合は次の「2　観光バス」を参考にしてください。

図9-13　バスへの乗車

図9-14　バスからの降車

2　観光バス

　　バスの車内が見えた時点でバスの車内の様子を伝えます。入口の手すりに視覚障害者の手を誘導することで、そのまま一人でバスに乗ることもできますが、乗り方を事前に話し合っておきましょう。

①基本姿勢のままで乗車する場合は、ステップを1段ずつ上ってください。その際には同行援護従業者は必ずステップで足元を確認するようにします。

②大型のリムジンなどの場合、段差が多いのでステップの段数などを伝えるようにしましょう。

③座席に座る場合は、原則として窓側に視覚障害者が座るようにします。同行援護従業者が奥に入ってしまうと、降りるときに視覚障害者を先に立たせることになってしまいます。車内に荷物棚がある場合は、頭上に注意し、ぶつかりそうなところには視覚障害者の手を誘導しながら状況を伝えてください。

④リムジンバスや観光バスは1列目が優先席になっている場合が多いのですが、バスの奥まで移動する場合は、通路などが狭いので「狭い場所の通過」の方法で歩くようにします。荷物などが他の乗客に当たらないよう配慮が必要になります。

9 飛行機の乗降（＊）

①利用する航空会社のカウンターや窓口、自動発券機を見つけます。飛行機の利用は飛行場に着いたときから始まっています。搭乗券の交換や自動発券機などで時間を取られないようにしてください。

②航空会社のカウンターやロビーなどで係員から視覚障害の有無の確認をされる場合がありますが、視覚障害者が答えるようにしましょう。

③航空会社のカウンターで大きな荷物を預けます。状況によって荷物は預けない場合もあります。

④保安検査所では、視覚障害者と同行していることを検査所の職員に伝えます。搭乗券は各自で持つように指示をされますが、同行援護従業者がまとめて持つ場合もあります。事前にどうするかを確認しておくとよいでしょう。金属探知機を通過する際には、白杖は探知機に反応することが多いので、どうするかは係員に確認しましょう。小銭入れや携帯電話などはトレイに入れて金属探知機を通します。金属探知機を通過時にベルトのバックルやブローチなども反応する場合がありますので注意が必要です。

⑤保安検査所から搭乗口まで、階段、エレベーター、エスカレーター、動く歩道などがありますので、どれを使用するかを視覚障害者に確認してください。

⑥待合所では搭乗口やトイレの位置などを知らせることが必要です。

⑦搭乗の際は、優先搭乗を希望するとよいでしょう。ゆっくり対応ができます。これも視覚障害者にどうするか確認するようにしてください。

⑧搭乗口の改札からのルートでは、そのまま飛行機の入口まで行く場合には途中でスロープがありますので、伝えるようにしてください。飛行機の大きさによってスロープの傾斜がきつくなる場合もあります。しっかり情報を伝えてください。飛行機に乗る場合の搭乗口では段差があるので注意が必要です。

⑨バスを利用して搭乗する場合には、「バス」の乗車と同様にしてください。バスで移動した場合のタラップは「階段」と同様の方法で上がるようになります。

⑩飛行機に搭乗したら、通路が狭いので「狭い場所の通過」の方法で移動することになります。荷物などが他の乗客にぶつからないような配慮が必要です。

⑪座席に着いた場合は、上部の荷物入れなどを使用するかどうかを聞くとともに、シートベルトがきちんとできたか確認します。シートベルトは視覚障害者が自分で着脱しますので、同行援護従業者はきちんとできたかを見守ります。

⑫イヤホーンなどの差し込み口や音量調節チャンネルなどの情報を伝えましょう。

⑬客室乗務員が回ってきた場合には、視覚障害者に伝えるようにします。

⑭飛行機を降りるときは搭乗のときと同様、通路の移動などに注意してください。また、他の乗客がどのように動いているかを伝えるようにします。

⑮荷物を預けた場合は、荷物受け取り用のターンテーブルで荷物を引き取ります。この荷物を引き取ったら、チケットの半券と照合し間違えていないことを確認しましょう。

10 船の乗降 (＊)

①乗船券の購入で時間を取られないようにします。

②待合所では搭乗口やトイレの位置などを知らせることが必要です。

③桟橋から乗船口まで、段差、スロープ、階段などがありますので、それぞれ伝えるようにしましょう。

④乗船したらドアの敷居など「またぐ」ことが多いので、しっかり伝える必要があります。船内では、階段の幅が狭く傾斜が強いので、そのことも伝えるようにします。

⑤座席に着いた場合は、荷物入れなどを使用するかどうかを聞きます。

⑥船を降りるときは乗船のときと同様、通路の移動などに注意しましょう。また、他の乗客がどのように動いているかを伝えるようにします。

⑦渡し船などの小舟の場合、桟橋から船に乗ったり降りたりするときには、同行援護従業者が桟橋と船の両方に足をかけ、安定した形で乗るようにします。船に乗ったあとは場所を伝えるとともに、安定した形で動けるように注意してください。

第 10 章

場面別技能

※ **1** 食事・**2** トイレ・**11** 車いす利用の視覚障害者への対応については、一般課程の「応用技能」に含まれます。

1 食事

　外出の際の食事は、大切な時間です。お店選びからメニュー選択までが楽しみの 1 つになります。目からも楽しむといいますが、その目からの情報が少なかったり、入らなかったりするため、同行援護従業者はよりおいしく、また楽しんでもらえるように、また、イメージしてもらえるような情報提供をするように心がけましょう。

1　食事支援の基礎

❶ 基本的な考え方

　説明の手順はいつも大枠から入り、詳細な部分へと移ります。外食のときも食器の位置を確実に説明しますが、触れてもらうとよりわかりやすくなります。場合によっては、食器まで手を誘導するほうがよいでしょう。口頭で説明する場合、「右手前」「おなかの前」で十分伝わりますが、イメージしやすいよう順序よく説明します。ただし、左右は間違えないようにしましょう。時計の文字盤（クロックポジション）を利用した説明方法もあります。

　どの方法で説明するとわかりやすいかは、その場で視覚障害者に確認して行います。また、周囲に配慮した声の大きさにすることや話しているときに不衛生な印象を与えないよう注意します。食器の位置を変える場合は、必ず一声かけてから行い、その理由も伝えましょう。熱いものや水物、汁物が出てきた場合は、特に一声かけて、内容や位置を伝え、手を誘導して位置を確認してもらいましょう。飲み物や調味料などを注ぎ足す場合も確認してからにしましょう。食事中はさりげなく見守りますが、決して実況中継はしないようにしましょう。

　食事介助が必要な視覚障害者の同行援護以外は、同行援護従業者も一緒に食事をとるようにします。

❷ 食事の前の情報提供

　同行援護中に食事をする場合は、店のつくりや雰囲気などを説明して店舗を選択し、部屋の広さや座席の形態（円卓、いす席、掘りごたつ式、何人掛けなど）を伝えます。何人かで会食をする場合は、出席者がどこに座っているのか

などの説明も行い、パーティーなど大人数での場合は、テーブルの位置関係や、主催者・主賓などのテーブルの位置、司会者の位置なども説明することが必要です。

❸ さまざまな位置の説明

位置を時計の文字盤に見立てる方法をクロックポジションといいます。テーブルの上に置いたものを中心として、視覚障害者側（手前）を6時、向こう側（奥側）を12時にするなどを決定して、皿、コップ、食べ物の位置を頭の中にイメージしやすいように、3時や6時、9時の位置での説明や、9時と12時の間の位置などと説明するとわかりやすいでしょう。また、左右・手前・奥などの表現を用いる説明も一般的です。食べ物の位置として、上に載っているのか、位置が上にあるのかといった言葉も使い方を間違えないようにしましょう。

同行援護従業者が対面している場合は、あくまでも視覚障害者の位置を基準にして行います。食器のどれか1つを基準とし、順序だてて説明するとわかりやすくなります。食器の位置をあちこち飛ばして説明すると混乱してしまいます。また、手を導いての説明も希望があれば行います。人によっては触れられるのを嫌がる人もいるので、確認してから行うのがよいでしょう。手を持って説明するときは、手のひら小指側に手を添えて行うとよいでしょう。いずれの場合も、どこに手を添えたらよいか、どのように支援をしたらよいかは、視覚障害者に確認をとるようにしてください。

2　食堂の場合

❶ 注文するまで

食事をするためにお店に入ったら、席の配置やテーブルの形、空席状態を伝えますが、どの席に座るかは視覚障害者に決めてもらいましょう。景色がよく見えるから窓側がいいだろうと、同行援護従業者が勝手に席を決めてしまうと、まぶしいので窓側は避けたいという方もいるからです。

席に案内後、テーブルウェア類（調味料やつまようじなど）を説明します。メニューの説明は、料金はもちろん、原則記載されている内容すべてを伝えるようにします。アレルギーや嫌いなものなども事前に聞いておくと、説明しているときに有効です。ご飯類、パスタ類、麺類など、カテゴリー別に伝えるとわかりやすくなります。視覚障害者にとって食べやすいものもありますが、好みはさまざまなので、同行援護従業者が勝手に判断しないようにします。

❷ 料理が出てきてから

料理が運ばれてきた場合は、視覚障害者に事前に説明の方法や順番、置き場所などを確認しておくことが必要です。一人鍋など火を扱うものは火が入る前に、水物や汁物などは場所をはっきりと伝え、危険のないように配慮してください。調味料の有無、使用するかどうかの確認も行います。

❸ 食事の最中

食事の最中は、さりげなく見守りながら、必要なときに適度な支援をしますが、食べている姿を凝視することや、口に入れる状況を実況中継することは、避けるようにしましょう。

食べ終わった食器類は勝手に片づけずに確認をしてから移動します。残っているものがあるときは、残っていることだけを伝えます。残っていることがわからなかったのか、嫌いなものなのか、お腹がいっぱいなのか、アレルギーがあるなどの理由で食べ残すのかは視覚障害者にしかわかりません。

❹ 食事が終わったら

後片づけなどを行う場合は、視覚障害者にもできる範囲で行ってもらいます。食事中に、汁・調味料などが服にはねたことがわかった場合には、そのつど伝えてください。食事の後は服や顔に汚れがないかなどを確認し、汚れやシミがある場合には、その後どのように処理するかの判断は視覚障害者にまかせましょう。

3　お弁当の場合

テーブルの上のお弁当、お茶、箸、手拭きの位置を確認し、お弁当が包まれている場合はその包装を説明します。開封後、お弁当箱がいくつのエリアに分かれているのかをおおまかに説明します。ご飯の位置を最初に説明するとイメージしやすいようです。次にエリアごとにおかずの種類を説明します。同行援護従業者の説明によって、頭の中にお弁当箱の中身をイメージしていくのですから、順序よく説明することが大切です。

そのときに調味料の有無や使用するかどうかの確認を行います。バラン（仕切り材）やアルミカップなど食べられないものの有無を知らせ、取り除くかどうかの確認を行ってください。使い捨ての容器など底にエリアごとの仕切りがついている場合は、底を触りながら説明を行うと、よりわかりやすいでしょう。また、透明のふたなども利用するとよいでしょう。どのような説明の仕方がわかりやすいかを前もって確認しておくことも大切です。

4　会席料理の場合

　　会席盆に料理がのっている場合は、順番に内容を説明します。テーブルの上に仕切りがなく食器が並んでいる場合は、自分の範囲として左右の端の食器を知らせるようにします。場合によっては、手を皿などに近づけ範囲を知らせてください。調味料（醤油、塩など）や香辛料（わさび、からし、唐辛子、コショウなど）を使う料理の場合は、どのようにするかを確認してから行うようにします。次の料理などが運ばれてきた場合は、どこに置くかを確認するとともに、今までの食器を移動する必要がある場合は、その位置関係などを伝えます。

5　円卓の場合

　　円卓の場合、同行援護従業者が料理をお皿に取ります。

　　店舗により異なりますが、料理が順番に出てくる場合、前もってメニューがわかっている場合は、同行援護従業者は何がどの順番で出てくるか最初に伝えるようにします。大皿で出された場合は、何人で食べるのかを把握し、円卓に座っている全員に料理がいきわたるように配慮してください。できれば全員が取り分けても、一人分くらい余るように分けることが望ましいとされています。

　　視覚障害者が自分で取る場合は、円卓のターンテーブルを回すときにはテーブルの全員に一声かけてから動かすようにしてください。また、ターンテーブルから箸やスプーンがはみ出していないことを確認しましょう。

　　他の人が取っているときには円卓を動かさないように注意します。お代わりができるときには、全員に声をかけるように配慮しましょう。熱いものが出てきた場合は、必ず一声かけるとともに、その内容や置いた場所などを伝えるようにします。

6　洋食の場合

　　ナプキン、ナイフ、フォーク、箸、皿、コップなどの位置の説明を行います。料理が順番に出てくるので、前もってメニューがわかっている場合は、何がどの順番で出てくるか最初に伝えるとよいでしょう。

　　また、どの料理にどのスプーンやフォークを使用するのかも伝えておきます。最近は箸が準備されている場合もあるので伝えましょう。運ばれてきた料理が魚料理か、肉料理か、皿にどのように盛りつけられているかや、ソースがかかっている場合などはその状態などの説明を行います。

　　さらに、食器、容器のデザイン、色や模様の説明をすると楽しく食事ができるでしょう。状況によっては、肉などを視覚障害者の代わりにカットすること

もあります。また、店の人にあらかじめ切ってもらうことも可能です。

7　バイキング形式の場合

　　どの位置で食べるか席を決めます。一緒に取りに行くか座って待っているかの判断を求めます。トレーを自分で持つかあるいは同行援護従業者が持つかを確認します。一緒に取りに行く場合、一通り回ってメニューを説明するとよいでしょう。どのメニューをどのくらい取るか聞きながら進みます。飲み物・汁物などはこぼさないように注意してください。できれば、同行援護従業者があとから運ぶ方法が望ましいでしょう。視覚障害者の食べるものを取り終えてから、同行援護従業者自身の分を取りに行くようにするとよいでしょう。その際には「お先にどうぞ」などの声かけをしておくとよいでしょう。

　　視覚障害者が席で待っている場合（同行援護従業者が一人で取りに行く場合）、同行援護従業者が一周してメニューを伝え、その後、何をどのくらいの量で取るかを確認します。また、ドレッシング・香辛料などを使用するかどうかを聞き、さらに食事中・食後の飲み物を確認します。手拭きなども初めにもらうようにするとよいでしょう。また、納豆や卵、ジャム、バターなどの取り扱いをどうするかを確認します。

8　他に注意すべき項目

　　必要に応じて、「飲み物のおかわりはどうしますか?」「どの種類を飲みますか?」など、飲み物のおかわりなどを尋ねます。他の席の人があいさつに来た場合の援助も必要となります。

　　また、視覚障害者が飲み物を相手に注ぐ場合には、同行援護従業者が手を添えて援助します。

2 トイレ

1　基本的な考え方

　　外出時において駅やお店などに到着したときは、トイレの要望がなくても、基本的にトイレの場所を紹介します。視覚障害者から要望があった場合は、我慢している場合もあります。また、特に高齢になると尿意から排尿までの時間が短くなりますので注意しましょう。同行援護従業者が、外出先の使いやすいトイレなどをリサーチするなど、場合によっては同行援護の途中で情報提供で

きるよう心がけておくことも必要です。

　トイレ支援は、基本的に同性で行うことが望ましいでしょう。異性の場合は、利用者が承諾すれば、近くにいる同性の人に支援をお願いします。視覚障害者が希望する場合は、多目的トイレなどを利用してもよいでしょう。多目的トイレ利用の場合は、空間が広すぎて中での移動に不安を覚える人もいますので留意しておきましょう。さらに多目的トイレの場合は、事前に開閉ドアのスイッチの確認を行います。

2　種類の選択

　トイレのどのタイプ（洋式・和式）を利用するかを必ず確認してください。洋式の場合、便座の形態（U形・O形）を説明します。和式の場合、便器と床がフラットなものと、汽車式（一段高くなっている）のものがあります。

　男性の場合でも個室を希望する人がいますので、その場合は個室に案内します。多目的トイレを選択する場合もあります。必要に応じて同行援護従業者も用を足すことを伝えます。同行援護従業者も、移動中には決して我慢することのないようにしてください。

3　個室のトイレ

　洋式・和式いずれの場合も、まずドアの形式（中開き・外開きなど）と鍵の位置を知らせます。その後、トイレのドアの所で中の様式や中にあるものを説明していきます。洋式の場合は便器に座った姿勢、和式の場合は便器をまたいだ位置をイメージしてもらって説明をするとわかりやすくなります。伝える内容としては、ふたの開閉やふたの有無、便器の向き、トイレットペーパーの位

図 10-1　トイレに設置されるもの

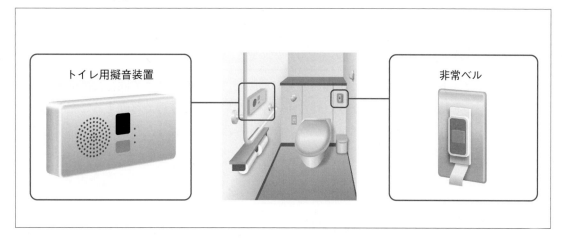

トイレ用擬音装置

非常ベル

置、水洗ボタン、非常ベルなどの確認、ドアの鍵の位置と開閉の仕方、ゴミ箱（汚物入れ）、荷物掛けや荷物置き場の位置などがあります（図10-1）。必要に応じて、温水洗浄便座やトイレ用擬音装置がある場合は操作方法を伝えます。水洗ボタンと非常ベルが近い位置にある場合、押し間違いやすいので、注意が必要です。

　視覚障害者がトイレを使用中、同行援護従業者がどこで待つかを伝えます。待つ場所は、視覚障害者に配慮した位置にいることが必要です。

4　男性の小便器

　男性の小便器については、視覚障害者を中央に誘導し、便器の形態を説明してください（図10-2）。形態が多種存在します。縦に長いストールタイプ、朝顔タイプの壁掛け型、樽を斜めに切ったタイプの筒型、ストールタイプの省スペース型など、いろいろな種類がありますので、説明をする必要があります（図10-3）。

図 10-2　男性小便器への誘導

図 10-3　男性小便器の種類

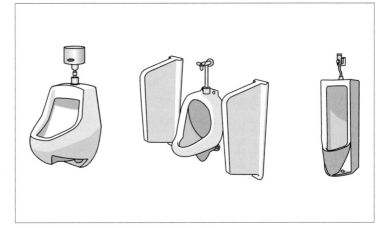

5　洗面台までの移動

　トイレ使用後に、洗面台までの移動時、衛生面を考えて同行援護従業者の肘を持たない人もいます。軽く手の甲で肘に触れる姿勢で移動することもあります。手を洗うときは、蛇口などまで手を添えて誘導したり、口頭で指示したりします。

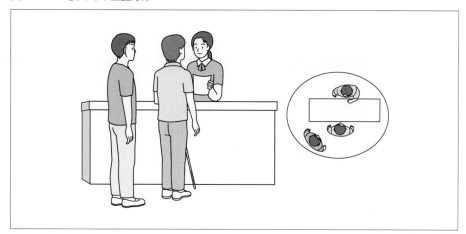

図 10-4　窓口での位置取り

3 窓口やカウンター（＊）

　　行政機関や銀行などの窓口、受付などのカウンターなどにおいて、どのように同行援護を行うかの基本です。担当者が、直接視覚障害者に応対するように促してください。特に重要な場面になることもありますので、慎重に行います。書類の提出や担当者からの質問などは、視覚障害者に対して直接行ってもらうように配慮します。用事があるのは同行援護従業者ではありません。

　　カウンターや受付の前に進むときは、視覚障害者が担当者の正面になるように位置取りをします（図 10-4）。同行援護従業者が担当者の正面や中途半端な位置に立ったりしないように気をつけましょう。書類などを提出する場合は、相手が見やすい方向で渡せるように向きを伝えます。視覚障害者が担当者の正面にくるように立ったら、同行援護従業者は視覚障害者に待つ位置を伝えて下がります。また、応対している担当者から目線をそらします（担当者が視覚障害者に声をかけるように位置取りをします）。

　　視覚障害者の用件がすんだら近づき、声をかけます。ただし、離れているときでも視覚障害者から求められれば、すぐに対応できるようにしておきます。必要があれば、代筆・代読を行います。

4 買い物（＊）

　　購入するものがどこの店舗で販売されているのかわからない場合や商品に関する情報は、店員や周囲の人に確認するなどして、円滑な移動を心がけます。
　　売り場では、購入したいものが置いてある場所を見つけ、商品の説明を行います。必要な情報として価格、サイズ、色、柄などをイメージしやすく伝えま

しょう。触れられる商品には触れてもらいます。

　食品などの場合は、賞味期限や消費期限、原材料だけでなく、見た目の鮮度や重さなどを伝えます。不明な点は独断せず、店員などに問い合わせ、店員が視覚障害者に直接応対するように心がけてください。商品が決まったあとの支払いは、店員と視覚障害者の間で行われるようにし、品物の受け渡しや金銭の授受を同行援護従業者が代わりに行うことは控えます（図10-5）。ただし、視覚障害者に依頼されている場合は受け取るなどの対応をします。

　また店舗内における情報として、特売品やタイムサービス、流行の商品や色、デザイン・新商品などの情報は、適宜伝えます。場合によっては、店員からプロの知識を情報提供してもらうこともあります。その場合は視覚障害者に確認してから、店員に声かけをしましょう。最近では支払い方法も多様化しており、従来どおり店員と現金のやり取りをする、クレジットカードで支払う、電子マネーで支払うなど、さまざまな方法があるため、支援を求められた際には柔軟に対応できるように心がけましょう。

　買い物は視覚障害者にとって、食事と同様に楽しみの1つであることが多いものです。自分自身が購入する気持ちで援助を行いましょう。ただし、同行援護従業者の主観を入れずに行います。

図10-5　支払い時の位置取り

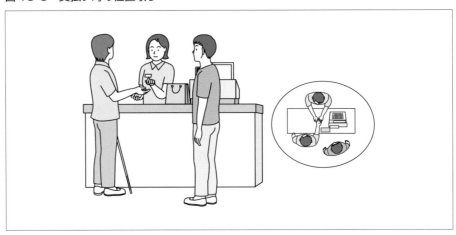

5 雨・雪の日（*）

1　雨の場合

　雨のときは、基本的には同行援護従業者が傘を持つようにします。視覚障害者から握られている肘側の腕で持つとよいでしょう。一緒に傘を持つ場合や、

図 10-6　傘をさす場合

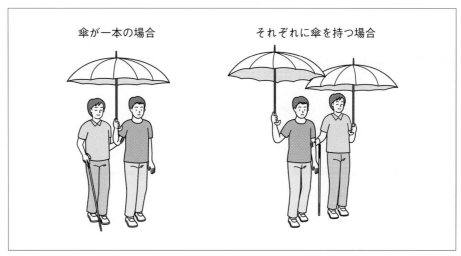

視覚障害者自身が持つ場合もありますので、状況によって対応することが必要です（図 10-6）。また、雨音や風などで言葉での情報が伝わりにくいこともあります。

　必要に応じて、同行援護従業者がレインコートなどを着用すると、雨に濡れることに対応できます。傘は二人分入れる程度の大きめの傘がよいでしょう。また、二人用の傘も販売されています。水たまりなど、路面の状況もしっかりと伝え、場所によっては「またぐ」方法などが必要になります。歩行ルートを適切に選択することで、歩きやすくなることもあります。

2　雪の場合

　傘をさす場合と、ささない場合がありますので、その場で確認してください。フード付きのコートや防水加工のある上着などを準備しましょう。アイスバーンや融雪の状態など、路面の状況をしっかりと伝えてください。どの場合も滑りやすいので、足元に十分注意をはらうことが必要です。「ルート取り」にはいっそう注意しましょう。

　危険な場所や場合としては、わだち、雪の溶け始め、軒先からの雪落ち、朝や夕、夜などがあります。声かけをしながらあわてず歩くことが大切です。

　また、緩やかな坂道、ちょっとした入り口の傾斜が始まるときなどは注意が必要です。歩道と車道の境目などは、凍っていたり溶けていたりして、状態が時間で変化するため十分注意する必要があります。

　日陰部分や日向部分では路面状態が違います。凍結しているときなどは、同行援護従業者はもちろん、視覚障害者も滑らないような「スパイクつき」の靴などを使用することが必要です。簡易に装着できる「滑り止め」も販売されて

いますので、準備をすることも必要です。

6 金銭・カード (＊)

金銭など金融に関する取り扱いは特に慎重に行います。あいまいに行うことで不信感が容易に生まれます。

1 現金の取り扱い

金銭は、原則として視覚障害者の自己管理となります。頼まれない限りは、金銭の支払いなどに関与しないほうが望ましいとされています。

また、依頼されてお金を預かる場合は、視覚障害者の手の内にある間に金額を読み上げ、その後受け取ります。釣り銭などを渡すときは、金額を声に出して視覚障害者の手に渡します。例えば「1000円ですね。お預かりします」とはっきりと伝えます。また、紙幣と硬貨は別々に受け渡しすると確認しやすく、財布に入れやすくなります。その場合は、「1000円札が2枚、100円玉が2枚、10円玉と5円玉が1枚ずつです」と伝えます。硬貨に比べ紙幣の区別はわかりにくく、トラブルを防ぐためにも配慮が必要です。

注意点として、店員が渡すお釣りを同行援護従業者が勝手に受け取ったりしないことです。また、店員がお金を渡そうとするときには、同行援護従業者が正面に立つのではなく、視覚障害者が正面になるように案内します。

2 カードの利用

最近はICカードやプリペイドカードが多種多様流通しています。紙幣と同様、視覚障害者には区別しにくいものですので、取り扱いには十分注意します。視覚障害者はカードに入っている金額の音声確認はできませんので、同行援護従業者は使用した金額・残高をそのつど必ず伝えます。その際、周囲への配慮を忘れてはいけません。

3 ATMの操作

基本的にATMの操作では、カードや現金に触れないように注意します。場合によっては、視覚障害者から操作を依頼されることもあります。暗証番号や残高など重要な個人情報は、他人にもらさないためにも記憶しないようにしてください。複数の銀行をまわる場合もそのつど暗証番号を確認するようにしま

す。また、一部 ATM では受話器による音声案内などがありますので、使用法を説明します。わからなければ係員に説明してもらいましょう。取り扱いには、周囲の状況に配慮するなども含め最善の注意をはらいます。操作手順は、次のとおりです。

❶ カードの挿入

カードを持っている視覚障害者の手に同行援護従業者の手を添え、挿入口に誘導します。

❷ 暗証番号や数字・金額の入力

タッチパネルなどで入力する場合、視覚障害者から聞きながら同行援護従業者が入力することもあります。数字を聞いたら、周囲に配慮しながら小声で数字を読み上げながら入力を行います。あるいは、手の平に書く、耳元で伝えるなど、他者に聞かれることなくお互いに確認し合う方法を見つけることも有効です。その際に、入・出金の明細書などを発行して渡すことは信頼につながります。

❸ 金銭の預け入れ

金銭を預け入れる場合、挿入口に手を添えます。特に、紙幣については小声で呼称しながら、投入金額に間違いがないかを確認してください。自動計算後、パネルに表示されたら確実に小声で読み上げましょう。

❹ カードの取り出し

視覚障害者の手に同行援護従業者の手を添え、カードの返却口に手を導くようにします。明細が出てくる場合は、明細書も一緒に取ってもらうようにします。

❺ 現金の取り出し

視覚障害者の手に同行援護従業者の手を添え、現金の取り出し口に手を導くようにし、視覚障害者本人に取ってもらうようにします。その場で確認しながら財布、バッグなどへ入れてもらいます。視覚障害者がどこに入れたのかを同行援護従業者がさりげなく確認しておくことも、万が一のときのために必要です。

❻ 明細書の読み上げと処理

ATM から離れた場所で内容を読み上げます。不要の場合は備えつけのシュレッダーに入れて処分しますが、それ以外は持ち帰ってもらうように促します。

4 守秘義務

　当然のことですが、特に暗証番号や入出金の金額、口座残高などや手続きの内容などについては厳しい守秘義務が課されます。

7 病院・薬局（＊）

1 病院

❶ 事前に調査すべき内容

　医療機関を目的地としている場合は、多種多様な場面があります。例えば、個人病院の場合は受付から診察、会計、処方箋受け取りまでの一連の流れがわかりやすいのですが、総合病院の場合は複雑です。また、総合病院の場合は複数の診療科を回る場合もあります。そのため、事前にどのような病院の受診なのかを確認しておくと、同行援護従業者は対応がしやすくなります。

❷ 通院の場合

　病院到着後、受付、診察室や待合室などの場所を確認します。待合室などでは座席を見つけ、着席します。同行援護従業者も視覚障害者の隣りに座ることが望ましいのですが、座る席がない場合などは、待っている場所も伝えます。離れて座る場合は、視覚障害者にすぐに近寄れる程度の距離で待つようにしましょう。

　また、視覚障害者の隣りが空いたら速やかに移動して座りましょう。そばにいることで安心できるからです。待ち時間の間に院内や診察室の配置などの説明・案内をします。また、周囲の様子や、来院者の人数、性別・年齢層などを伝えます。視覚障害者の名前や番号が呼ばれたり、表示されたりした場合、診察室（検査室）の入り口に移動します。そのつど、混雑状況や待ち時間などを伝えると、視覚障害者は安心して待つことができます。場合によっては、トイレや売店などへの移動も行います。

❸ 診察室への移動

　診察室内の移動は、基本的には病院のスタッフが対応しますが、同行援護で院内介助を行うことは可能です。

2　薬局などでの支援

　　受け取りまでの時間や周囲の説明などをします。視覚障害者に対して薬など
の説明が行われる場合は、少し離れた場所で待機します。そのとき、待機する
場所を視覚障害者に伝えますが、求められた場合には説明を一緒に聞くことも
あります。必要があれば、薬の仕分け、目印などの付記を援助します。

3　守秘義務

　　金融機関と同様、重要なプライバシーを聞いたり見たりしますので、絶対に
他言しないように注意してください。

8 会議・式典・研修など（＊）

1　会議

　　会議などでは、事前に会議開催者に視覚障害者から同行援護従業者が同席、
あるいは着席することを伝えてもらうようにします。
　　事前に会場までのルートを調査することが必要です。会場内では、会議会場
などの場所を探し、室内では座席を見つけ着席します。また、同行援護従業者
が座る場所も確認することが必要です。

❶ 会場内での支援

　　会場の構造や机・機器などの配置や司会者・座長・議長などの位置の説明と
案内を行います。場内の様子、来場者の人数や性別・年齢層などを伝えたり、
場合によっては知人を探すということも行います。

❷ 配付資料の代読

　　配付されている資料の確認を行います。会議が始まる前に、配付されている
資料のうち、視覚障害者が会議の進行等を把握できるよう「出席者一覧」「次第」
等を読み上げます。また、何を代読してほしいかの確認も必要になってきます。
会議中は視覚障害者の指示に従い、適宜代筆・代読を行います。
　　会場内に表示されている内容やプロジェクター（投影機）で表されている場
合、文字や図式・写真などの説明を行います。その際には、周囲に配慮し、視
覚障害者だけに聞こえるようにします。

2 式典

集会などにおいて、来賓や、主催者の同行援護をする場合もあります。そのときには、粗相のないように支援します。

❶ 事前に調査すべき内容

式次第の確認や関係者と面談し、打ち合わせを行います。同行援護従業者としての役割を説明する場合もあります。また、担当する視覚障害者がどのような立場の人かを調べておきます。あらかじめ、内容や状況、他の出席者などを聞いておくとよいでしょう。また、TPO（時、場所、場合）に合わせた服装にも留意し、華美にならず、主催者あるいは視覚障害者より目立つことは避けましょう。

❷ 壇上での同行援護従業者の注意点

着席位置から演壇などへの移動の際に、礼をする方向や回数を伝えます。演壇中央・マイクの位置などに手を添えて導きます。事前に、案内後の同行援護従業者の待機位置も決めておくことが大切です。また、必要な場合に、同行援護従業者が視覚障害者に近づく場合の合図などの確認も有効です。

3 研修

研修においては、受講する場合と講師をする場合では対応が異なりますので、確認をしておきます。同行援護従業者の同席については、視覚障害者から主催者側に確認をしておいてもらいましょう。同席できる場合は、いすの用意も依頼します。同席できない場合は、待機場所の確認も必要になります。部屋の大きさ・形状など、着席した位置や周囲にある物などの場所を説明します。

配付資料が、プロジェクターなどで表されている場合は、文字や図式・写真などの説明を行います。講師である場合は、基本的に上記「2 式典」を参考に行いますが、視覚的情報の支援が主な仕事になります。

9 冠婚葬祭 (*)

冠婚葬祭は、多くの視覚障害者にとっても大切な行事です。同行援護従業者は、それぞれの地域のルールや典礼に則り支援する必要がありますが、不慣れな場所や不明な点が多いのも事実です。あわてないで周囲に確認するなどしましょう。

1　結婚式での作法

　　　結婚式は招待される場合と、親族の場合では異なります。視覚障害者は主催者に同行援護従業者が同席することを伝えておきます。席次を受付で確認後、案内に従って着席します。部屋や周囲の出席者の状況を伝えます。

2　葬儀での作法

　　　同行援護従業者の常識がもっとも問われる場面であることを自覚し、同行援護のときには以下のマナーを参考にしましょう。

　　　葬儀では、視覚障害者への情報提供を重視するようにします。しかし、周りへ配慮し、声が大きくならないように小声で行います。また、視覚障害者と葬儀の関係者とのつながりによってそれぞれ対応が異なりますので、事前に故人との関係性などを聞いておくとよいでしょう。同行援護従業者も故人と知り合いの場合は、一緒に焼香を行ってもかまいませんが、視覚障害者に一声かけておきましょう。

❶ 仏式葬儀の作法

●焼香

　　　故人を敬うとともに心からの哀悼の意をささげ、芳香によって心身を清めるといった意味があります。焼香の作法は宗派によって違いはありますが、現代では特に問題視はしていません。

●数珠のかけ方

　　　故人を礼拝するときに手にかけてお参りしますが、宗派によって若干の違いがあるので、求められるときには確認したほうがよいでしょう。

●合掌の仕方

　　　指と指の間を離さずくっつけて、掌をピッタリと合わせます。位置としては胸の前に、胸にはつけないで少し前に出すようにします。手の角度は45度くらいにし、肘は張らず、わきは力を入れて締める必要はありません。肩の力を抜くようにします。

●香典の表書き

　　　黒白の水引（地域によっては異なります）を使うことを確認します。故人との間柄により、香典袋や金額は異なります。表書きは上段中央に「御霊前」と書きます。浄土真宗では「御仏前」を用います。仏式で宗派にかかわらず使えるのは、「御香典」・「御香料」などです。薄墨の筆ペンなどで書くようにしてください。

【一般的な手順】

①遺族に一礼して、焼香台の前に進み、遺族のいる場所を知らせます。
　知り合いがいる所も知らせたりします。

②ご本尊と遺影を仰ぎ、頭を下げ黙礼します。
　ご本尊、遺影の方向や高さを伝えます。香の位置と香炉の場所を確認し、右手で香をつまみます。

③額のところまで押しいただきます。
　浄土真宗では押しいただかないことがあるので注意します。同行援護従業者は前に行った人たちがどのようにしているかを伝えます。

④香炉に静かにくべます。
　宗派で決められた回数行います。二回目からは額で押しいただく必要はありません。会葬者が多い場合は、焼香は一回だけと指示されることがあります。宗派を問わず、慣例化しているようである場合などは、進行役からの指示を伝えます。順番がくる前に、前の人がどのようにしているかを伝えます。

⑤合掌・礼拝します。
　同行援護従業者は黙祷を行います。同行援護従業者も故人と知り合いの場合は、同時に行って差し支えありません。そのときには、自分も行うことを視覚障害者に伝えましょう。

⑥最後に遺族に一礼し、退きます。
　ここでも遺族のいる方向がわかるように伝えます。

●忌明け（四十九日）後の法要の表書き

　黄白の水引（地域によっては異なります）を使います。表書きは「御仏前」「御供物料」と書く場合もあります。

❷ 神式葬儀の作法

　仏式といちばん異なるのは「手水の儀」と、それに引き続いて執り行われる「玉串奉奠」で、仏式の焼香にあたるものと考えればよいでしょう。

　お香典の表書きは、銀の水引を使います。表書きは「御玉串料」と書きます（注：「御神前」「御榊料」と書く場合もあります）。

【一般的な手順】

①手水の儀
　左手に水を注ぎ、次に右手を清めます。左手で口をすすぎ、両手を拭きます。

②玉串奉奠
　玉串を受けたら、案（玉串を置く台）の前に進み、玉串をおしいただきます。同行援護従業者も一緒に進みます。根元を手前にしてまっすぐに持ち、次に時計回りに回転させて向きを変えます。葉先を手前にして供えます。視覚障害者の立ち位置や方向を確認します。

③二礼
　二回、礼を行います。

---

④二拍手

　　葬儀では、音をたてずに二回拍手します。

⑤一礼

　　最後に一回礼を行います。その後引き下がるようにします。

❸ キリスト教葬儀の作法

　故人を神の手にゆだねる祈りと神を讃える祈り、そして遺族への慰めが中心となって行われます。献花（仏教の焼香にあたるものです）用の花は持参してもかまいませんが、多くの場合、会場に準備されています。

　香典は、水引がない物に入れてもかまいません。表書きは「献花料」「御花料」と書きます。

【一般的な手順】

①花をささげる台の前に進みます。

　　同行援護従業者も一緒に進みます。立ち位置や方向を確認します。

②献花台に進んで一礼し、根元を祭壇側（奥側）に、花を手前に向けて献花台に供えます。

　　同行援護従業者は位置がわかるように、視覚障害者に供える場所を伝えます。

③一礼

　　頭をやや下げて黙祷し、その後引き下がるようにします。

❹ 無宗教葬儀の作法

　他の葬儀と異なるのは、宗教関係者が臨席しないことです。家族だけで行うのが基本となっています。無宗教葬儀の場合は献花を行うのが基本となっていますが、祭壇の位置や献花台と遺族の位置関係が難しい場合がありますので、位置関係をしっかり伝えてください。

【一般的な手順】

①遺族に一礼して、献花台の前に進みます。

　　視覚障害者に遺族のいる場所を知らせます。状況によっては、後方に向きを変更する必要が出ることがあります。知り合いがいる所も知らせたりします。

②花を受け取る

　　係の人から献花用の花をもらいます。同行援護従業者も故人を知っていれば、一緒にもらいます。

③献花

　　花を手にしたらさらに献花台に進みます。同行援護従業者も一緒に進みます。花を手前に、根元を奥側にして供えます。視覚障害者の立ち位置や方向を確認します。

④礼拝

　遺影を仰ぎ、頭を下げ黙礼します。このときに合掌しても差し支えありません。礼拝の方法は自由に行ってかまいません。視覚障害者に、遺影の方向や高さを伝えます。順番がくる前に、前の人がどのようにしているかを伝えます。同行援護従業者も故人と知り合いの場合は、同時に行って差し支えありません。そのときには、自分も行うことをあらかじめ視覚障害者に伝えましょう。同行援護従業者が故人と知り合いでない場合は、黙祷を行います。

⑤最後に遺族に一礼し、退きます。

　ここでも遺族の方向が視覚障害者にわかるように伝えます。その後引き下がるようにします。

10 盲導犬ユーザーへの対応 (*)

1　盲導犬について

　盲導犬は補助犬（盲導犬、介助犬、聴導犬）として身体障害者補助犬法で位置づけられています。定められた訓練期間で訓練を受け、補助犬である表示がされた補助犬は、一部を除くすべての場所への入場が可能です。公共施設などの管理者は、補助犬の同伴について、原則として拒まないようにしなければなりません。

　現在は861頭の盲導犬が活躍中です（令和3（2021）年3月31日現在）。また、ハーネス（胴輪）を着用しているときは活動中です（図10-7）。一般に盲導犬はラブラドール種で、生後2か月程度からパピーウォーカー（子犬育成ボランティア）の家庭で育てられ、1歳程度で盲導犬としての適性検査を受けたあと、約6か月間の訓練を行い、その後希望する視覚障害者との1か月程度の共同訓練を経て正式な盲導犬として活動を開始します。ここでは犬の世

図10-7　盲導犬

ハーネス（胴輪）

話や扱い方、歩行訓練などを受けます。また、視覚障害者がリーダーであることを認めさせることや、パートナーとして一緒に生きていくことを学びます。ですから、盲導犬には視覚障害者（ユーザー）の許可なく触れたり話しかけたりしてはいけません。

また、盲導犬はすべての場合において、視覚障害者の眼の代わりになるというわけではありません。歩くルートや進むか止まるかの判断は視覚障害者自身が盲導犬に指示していることを理解し、未知の場所や不慣れな場所では支援が必要になります。

2　盲導犬ユーザーを同行援護する場合

盲導犬ユーザーである視覚障害者に対する同行援護は、「必ずこのやり方でやらなければならない」というものがあるわけではありません。最も大切なことは、盲導犬ユーザーである視覚障害者に「どんなやり方がいいのか？」を確認し、できる限りその方法で同行援護することです。大きく分けると、以下の2つの方法があります。いずれの場合でも、同行援護従業者は盲導犬がいることを必要以上に意識する必要はありません。意識することがかえって悪影響を及ぼす可能性があります。もちろん盲導犬に触ったりする場合には、必ず視覚障害者の許可を得てからにしてください。

❶ 基本姿勢を維持したままの同行援護

盲導犬ユーザーの視覚障害者がハーネス（胴輪）のハンドルから手を離し、リード（引き綱）だけを手に持ち、空いているどちらかの手で同行援護従業者の肘などを持つ形です。この場合、同行援護の基本姿勢は維持されているので、通常の同行援護と基本的には全く変わりはありませんが足元の確認に注意します。盲導犬に対しても特別な配慮は必要ありません。ただし、幅が盲導犬を合わせて3人分となることに留意します。

❷ 見守る場合

視覚障害者によっては、「前後左右のどこかの位置に同行援護従業者がついて、見守りつつ情報提供をしてほしい」と言われる場合があります。その場合には、視覚障害者が望む位置に同行援護従業者がついて見守りながら同行援護を行うことになります。

視覚障害者の希望があれば、例えば「あと5mほど進むと下り階段です」などの事前の適切な情報提供が必要になります。盲導犬が視覚障害者に知らせることは、主に「角を見つけること」「段差を知らせること」「障害物を避けること」の3つです。したがって、事前に必要な情報提供の内容もそれに準じる

ことになります。同時に周囲の道路などの状況も知らせるとよいでしょう。

❸ 盲導犬の排せつの管理

　訓練によって盲導犬の排せつの管理は、視覚障害者によって行われます。このときに同行援護従業者に必要なのは、適切な排せつ場所の発見や排せつ物の情報提供（色や硬さなど）になります。排せつ物の処理は視覚障害者が行いますが、不慣れな場所や軟便のときなどは片づけが困難な場合がありますので、同行援護従業者が支援を行います。

11 車いす利用の視覚障害者への対応

　視覚障害と下肢機能障害がある人は、車いすを利用している場合があります。同行援護を利用する車いすの視覚障害者は近年増加しており、同行援護従業者は、そのような車いす使用の視覚障害者への対応の基礎的な知識をもつ必要があります。視覚障害者の車いすでの移動時には、曲がることや止まること、路面の状況変化などは早目に伝えるようにしましょう。急に曲がったり、止まったりするとより不安感を募らせることになります。特に、情報提供する場合、耳の位置が低くなっていることで聞き取りにくいこともありますので、周囲に配慮しつつ、視覚障害者に確実に伝わるようにします。

　また、駅のホームで電車を待つときなどは車いすを線路に対して平行にして待つなどの配慮が必要です。その際には平行となるように位置関係を伝えます。

　雪道などではタイヤが埋もれてしまうなど移動しにくいこともありますので、操作を確実に身につけておく必要があります。

　ここでは、車いすなどに関する基礎的事項を述べますが、車いす使用の視覚障害者が同行援護を希望することがあれば、自治体や事業所などでの研修を積極的に受講し、支援の技術を研鑽しましょう。

1　車いすの構造と各部の名称

　車いすの構造は、車いすの進む方向によって自由に向きを変えられる自在輪（キャスター）、前後の向きに方向を固定してある2つの後輪（駆動輪）、背もたれのついたいす、足を置くフットサポートから構成されています。駆動輪には、障害者自身が駆動する際に力を加えるハンドリムというパイプが取りつけられています。ここでは、一般的に使用されている車いすの各部の名称とその機能を解説します（図10-8）。

　図に示す車いすは、介助用の車いすです。背もたれは、バックサポートとも

図 10-8　車いすの各部の名称

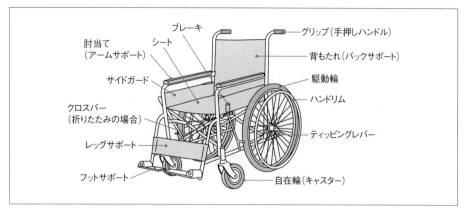

呼ばれ、車いす利用の視覚障害者が背中をつけるシートです。ティッピングレバーは同行援護従業者が体重をかけるようにして踏み込むことで、自在輪（キャスター）が上がり、車いすの前側だけを上げられます。

　サイドガードは、車いすとベッドなどの間を移動するときに、このサイドガードを取り外してベッドなどに横づけしてベッドへの移乗を容易にするためにあります。

　ブレーキは、駆動輪を回転させないようにして、車いすを安全に止めておくためにあります。図には示されていませんが、グリップにキャリパーブレーキがついているものもあります。これは、同行援護従業者がグリップから手を離さずにブレーキの操作ができる装置です。フットサポートは、視覚障害者が足を置くプレートで、開閉ができるものもあります。開閉ができる車いすの場合、開閉したその空間に同行援護従業者の足を置くことができますので、無理の少ない体勢で介助できます。

2　車いす視覚障害者への対応の方法

❶ 車いすの折りたたみ方と広げ方

　図に示すように、車いすを折りたたむときには、まずブレーキをかけて、フットサポートを開きます。次に、シートの前後を持って上に持ち上げ、肘当てなどを持ってさらに幅を狭くします。車いすを広げるときは、肘当てを持って少し外側に開き、手の平でシートの左右端を下に押しつけて広げます（図10-9、10-10）。

❷ ブレーキをかける

　移乗の前や姿勢を直す際などには、必ず左右のブレーキをかけます。障害者が車いすに乗っていてブレーキをかけるときは、同行援護従業者の片手をグリップから離し、その手でブレーキをかけます（図10-11）。

図 10-9　車いすの折りたたみ方

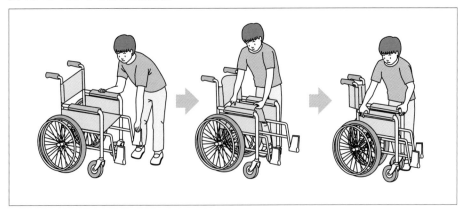

図 10-10　車いすの広げ方

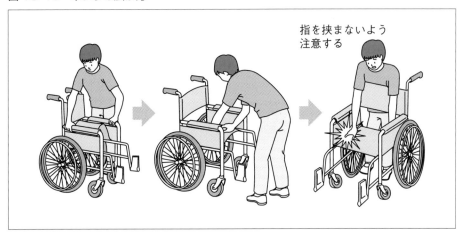

指を挟まないよう
注意する

図 10-11　ブレーキをかける

❸ 自在輪（キャスター）を上げる

段の上り下りや溝を越えたりする場合には、自在輪を上げる必要があります。

図 10-12　自在輪を上げる

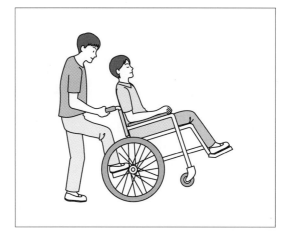

同行援護従業者は、「前を上げます」「キャスターを上げます」などと障害者に声をかけて、まず、片方のティッピングレバーを踏み、同時にグリップを下に押しつけます。ティッピングレバーを踏むときは、体重をかけるようにします（図 10-12）。

❹ 段を上り下りするとき

　段を上る場合には段の前で自在輪を上げ、その自在輪を段の上に乗せてから

図 10-13　段を上る、下る

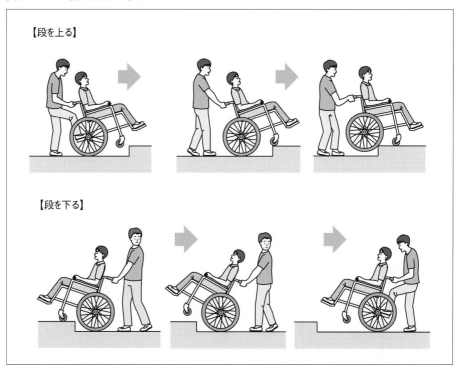

【段を上る】

【段を下る】

前に進み、後輪（駆動輪）を段の上に持ち上げるようにして車いすを押し上げます。段を下る場合には後ろ向きになり、後輪（駆動輪）をできるだけ静かに段下に降ろします。その後、自在輪を上げて後方に進み、自在輪とフットサポートが完全に段を過ぎたら、ティッピングレバーを踏んでゆっくりと自在輪を降ろします（図10-13）。

巻末資料

- ●新型コロナウイルス感染予防における同行援護ガイドライン（日本視覚障害者団体連合）
- ●新型コロナウイルス（COVID-19）感染予防における視覚障害者の手引き誘導のガイドライン（日本歩行訓練士会）

令和2年11月4日

新型コロナウイルス感染予防における同行援護ガイドライン

社会福祉法人日本視覚障害者団体連合
同行援護事業所等連絡会

1　はじめに

　　新型コロナウイルスが全国的に蔓延し、3密の回避が国民全体に求められています。しかし、3密の回避が難しい同行援護において、利用者の安全を守り、同行援護従業者（以下ガイドヘルパーという）の派遣を継続していくためには、どのような点に留意すればよいのでしょうか。
　　本ガイドラインでは、同行援護事業所、ガイドヘルパー、利用者が注意すべき内容を取りまとめました。それぞれの立場において感染防止のために実践してください。

2　事業所が注意すべきこと

（1）感染予防を徹底しながらサービス提供の継続に努めましょう
　　新型コロナウイルスの感染拡大に伴い、厚生労働省から様々な通知が発出されています。その中で、同行援護事業所としての基本的スタンスについて、令和2年3月19日の自治体向け事務連絡（巻末資料参照）の中で、「十分な感染防止対策を前提として、利用者に対して必要な各種サービスが継続的に提供されることが重要である。」と記載されています。さらに、「特に訪問系サービスについて、利用者に発熱等の症状がある場合であっても、十分な感染防止対策を前提として、必要なサービスが継続的に提供されることが重要であるので、引き続き当該支援に遺漏なきよう…」とも記載されています。同行援護事業所としては、この点をしっかりと認識し、感染予防に努めながら利用者の日常生活が維持できるように考えていく必要があります。
　　利用者からの体調不良の申し出に対しては、通院の必要性を確認し、必要な場合にはガイドヘルパーを派遣、状況によっては事業所職員を派遣することとします。
　　また、事業所としての感染予防対策等については、利用者にも説明をしておきましょう。
　　さらに、ガイドヘルパーの体調確認も行い、申し出があった場合には速やかに交替のガイドヘルパーを立てることとします。
（2）利用者が感染した際の対応
①利用者の感染が疑わしい場合
　　利用者に発熱がある、咳が出る、のどの痛みがある、味覚障害がある等の新型コロナウイルスの疑わしい症状が出た場合は、事業所はその状態がいつから続いているのかを確認します。さらに、利用者にかかりつけ医や保健所、帰国者・接触者センターに相談していただくように伝え、その指示内容についても確認します。
　　相談の結果、通院が必要な場合は、相談支援専門員やケアマネージャーの事業所、行政に協力を求めるように伝えます。
　　また、感染はしておらず、利用者の症状が改善されているのであれば、かかりつけ医等の指示を得ながら通常の利用を再開します。
②利用者が濃厚接触者となった場合
　　事業所は、利用者が検査等を行うために病院に行く等、移動の支援が必要な場合は、利用者が視覚障害者であることを伝え、行政や保健所にその支援を求めるように伝えます。利用者か

らの連絡が難しい場合には利用者に代わって連絡調整を行います。

　また、自宅待機を要請された場合は、相談支援専門員やケアマネージャー等と相談しながら、同行援護における「買い物代行等」を活用する等をしながら、自宅待機期間中に必要な食料品等の確保について対応することが必要です。

③利用者が感染していた場合

　事業所は、利用者が陽性と判明し、入院等の措置が必要な場合には、行政及び保健所に対応を求めるように伝えます。利用者からの連絡が難しい場合には利用者に代わって連絡調整を行います。また、この段階でその後のガイドヘルパーの派遣は中止とします。

　さらに、事業所において直近でこの利用者に接触のあったガイドヘルパーの有無を確認し、濃厚接触者となった場合、または疑われる場合には活動を休止させ、事業所内での各種調整、PCR検査を含むガイドヘルパーの体調の確認等を行います。

（3）ガイドヘルパーが感染した際の対応

①ガイドヘルパーの感染が疑わしい場合

　事業所は、発熱がある等、感染の疑いが生じたガイドヘルパーは、活動を休止させ、かかりつけ医や保健所、帰国者・接触者センター等へ連絡、指示を受けた内容について報告するように伝えます。また、当該ガイドヘルパーの直近での活動状況を確認し、当該ガイドヘルパーが関わった利用者の把握を行います。

②ガイドヘルパーが濃厚接触者となった場合

　事業所は、ガイドヘルパーから連絡を受けた段階で活動を休止させます。自宅待機中のガイドヘルパーの体調の変化についての確認を行いながら、活動の再開については、保健所や帰国者・接触者相談センターの指示に従います。

　なお、事業所は、万が一を想定し、当該ガイドヘルパーが直近で関わった利用者等に対して、体調の変化等がないかを確認します。

③ガイドヘルパーが感染していた場合

　ガイドヘルパーが陽性であった場合、事業所は当該ガイドヘルパーが直近で関わった利用者等に対して、濃厚接触の疑いがあるかどうかも含め確認をします。

　なお、当該ガイドヘルパーの休業補償については、罹患した経緯、厚生労働省の助成制度の活用等も含め、事業所内で確認する必要があります。

（4）事業所が確保すべき安全策

　マスク、消毒液等は、ガイドヘルパーに即座に提供できるよう備えておく必要があります。

　事業所への出入りの際には、手指の消毒・うがいの励行、部屋の換気、ドアノブ等の多くの人が触れる部分の消毒も頻繁に行います。

　なお、PCR検査の必要が生じた場合を想定し、その費用も検討しておくとよいでしょう。

3　ガイドヘルパーが注意すべきこと

（1）日頃より健康管理に留意し、注意点を守りながら業務を実施しましょう

　毎朝検温を行い、発熱があった場合は速やかに事業所に申し出ましょう。日々誰に会ったか、どこに行ったか等、詳しく書き留めておくとよいでしょう。

　家族や関わりがある人に疑わしい症状がある場合にも、事業所に申し出て、ガイド活動を継続するかどうかの指示を受けてください。

　そして、実際の業務では、次の注意点を必ず守り、安全な同行援護を実施しましょう。

（2）開始前の注意点

・ガイドヘルパーは業務前にも検温を行い、体調に変化がないかを確認します。

・発熱ある場合、体調が悪い場合は事業所に申し出て、サービス提供に行かないようにします。

（3）サービス提供中の注意点

・利用者もガイドヘルパーもマスクを着用します。ただし、熱中症の危険性がある場合、周辺に人がいない場合に限りお互いにマスクを取り、熱中症の危険を回避します。

・手指の消毒、ウェットティッシュ等を可能な限り携帯し、さらにアームカバーをしておくと安全性が高まります。

・利用者の誘導の際、安全確保の観点からガイドヘルパーが手袋の着用を希望する場合は、必ず利用者に確認を取ってから着用します。なお、手袋を使い終わった後は、感染拡大に留意しながら責任をもって廃棄します。

・誘導では、基本の形「ガイドヘルパーの腕を利用者が持つ」で誘導を行います。なお、利用者によって誘導の方法が異なる場合には、それぞれの利用者に沿った方法で行います。

・外出先でつり革や手すり、ドアのノブ等をつかむような場面もあることから、サービス提供中はこまめに手指消毒を行います。

・公共交通機関、お店、施設等を利用する際は、混んでいる時間帯や混んでいる場所をできるだけ避けます。

（4）場面別の注意点

①病院への通院

・病院へ入る際は手指消毒を行います。体調がすぐれない人も多数集まる場所になるため、より感染予防に取り組む必要があります。

・待合室ではできるだけ周りの人と距離を取って座ることを心掛ます。

②買い物

・利用者、ガイドヘルパーともに、店内に入る際は手指消毒を行います。

・商品にはできるだけ触れないことが望ましいので、ガイドヘルパーは情報提供を詳しく行う必要があります。

・レジでは密を避けるため、距離をとって並ぶようにします。

・金銭の授受で店員が利用者に直接手渡しする場合は、ガイドヘルパーは利用者へのサポートが必要です。例えば、トレー等を介して受け取る場合は、その旨を情報提供した上で、利用者がスムーズに金銭の授受ができるように支援します。

・店を出る際にも手指消毒を行うとなおよいでしょう。

③飲食店

・密にならない店を利用者が選択できるように情報提供を行います。

・利用者、ガイドヘルパーともに店内に入る際は手指消毒を行います。

・席も少し距離を取りつつ座るようにします。

・メニューの代読等が必要な場合は、ガイドヘルパーはマスクをつけたまま行います。

・食事が運ばれてきたら、ガイドヘルパーはマスクをしたまま情報提供を行います。食事の際の会話は、必要な情報提供等、最小限の範囲に留めます。

④トイレ

・ドアノブや鍵等は不特定多数の人が触るものであるため、利用した後は手洗いを念入りに行います。

・エアータオルは使用せず、紙タオルや自身のタオルで水分を十分に切ります。消毒剤を利用する場合は水分を切った後に行います。

4 利用者が注意すべきこと

（1）利用者自身も様々なことに注意しながら同行援護を利用しましょう

利用者も日常的に検温し、常に自身の体調を確認しておく必要があります。もし、発熱がある、体調が悪い場合は速やかに事業所へ申し出て、無理に外出しないようにしましょう。

なお、発熱等が生じている場合は、かかりつけ医や保健所、帰国者・接触者相談センターの指示のもとに対応することとなります。

また、同行援護利用中は必ずマスクをし、手指消毒を心がけましょう。

（2）サービス提供時の注意点について知っておきましょう

同行援護の利用者は、事業所やガイドヘルパーが注意する点を予め理解しておくと、コロナ禍でも安心して同行援護を利用することができます。

本ガイドラインの「2 事業所が注意すべきこと」「3 ガイドヘルパーが注意すべきこと」を参考にしてください。

（3）事業所を利用できない場合の対応方法

新型コロナウイルスに関連する理由から、事業所から利用を断わられ、同行援護を利用できない場合は、相談支援専門員やケアマネージャー等に相談しましょう。関係機関との関わりがない場合は、お住まいの自治体の障害福祉課に相談しましょう。

巻末資料 各種行政通知

1 訪問系サービスにおける新型コロナウイルス感染症への対応について
　出典：https://www.mhlw.go.jp/content/000610631.pdf

事務連絡
令和2年3月19日

各都道府県、指定都市、中核市
障害保健福祉主管部（局）御中

厚生労働省社会・援護局
障害保健福祉部障害福祉課

訪問系サービスにおける新型コロナウイルス感染症
への対応について

社会福祉施設等における新型コロナウイルス感染症への対応については、「社会福祉施設等における感染拡大防止のための留意点について」（令和2年3月6日付厚生労働省健康局結核感染症課ほか連名事務連絡。以下「3月6日事務連絡」という。）等においてお示ししているところです。

3月6日事務連絡の中で「社会福祉施設等が提供する各種サービスは、利用者の方々やその家族の生活を継続する上で欠かせないものであり、十分な感染防止対策を前提として、利用者に対して必要な各種サービスが継続的に提供されることが重要である。」と記載していますが、特に訪問系サービスについて、利用者に発熱等の症状がある場合であっても、十分な感染防止対策を前提として、必要なサービスが継続的に提供されることが重要であるので、引き続き当該支援に遺漏なきよう、管内市町村、サービス事業所等に周知をお願いいたします。

なお、当該支援における留意点については、3月6日事務連絡の別紙の「社会福祉施設等（通所・短期入所等）において新型コロナウイルス感染が疑われる者が発生した場合の対応について」の「3.訪問介護事業所等における対応」をご参照ください。

　このほか、都道府県等から寄せられたご質問について、別添のとおり回答をお示しいたしますので、併せてご参照いただくようお願いいたします。

2　新型コロナウイルス感染症に係る障害福祉サービス等事業所の人員基準等の臨時的な取扱いについて（第5報）（抜粋）
　出典：https://www.mhlw.go.jp/content/000626712.pdf

問14　新型コロナウイルス感染症に係る障害福祉サービスの柔軟な取扱いとして、同行援護等について、ヘルパーが単独で買い物の代行や薬の受け取りの代行等を行うことを報酬の対象とできるか。
（答）
　買い物の代行や薬の受け取りの代行等は居宅介護の家事援助のサービスで可能であるが、居宅介護の支給決定を受けていない利用者について、新型コロナウイルス感染症の感染拡大防止の必要性に鑑み、民間の宅配サービスや買い物代行等他の手段では代替できない場合は、報酬の対象とすることも可能である。

新型コロナウイルス（COVID-19）感染予防における
視覚障害者の手引き誘導のガイドライン

2020 年 8 月 7 日
日本歩行訓練士会

　新型コロナウイルスの感染拡大の予防に向けた取り組みにおいてはいまだ全国的にも予断を許さない状況が続いています。

　このような状況の中、視覚に障害のある方々の生活にも大きな影響が出ており、その一つとして「外出時の手引き誘導」においては視覚障害者だけでなく、同行援護従業者や医療従事者、公共交通機関の職員等からも今後のガイドラインを求める声があがっております。

　日本歩行訓練士会では、全国で活動している歩行訓練士から情報を集め、訓練士の視点から手引き誘導の方法についてのガイドラインを出すことで、視覚障害者のみならず、様々な場面で支援にあたられている方々の安全、安心に寄与していく所存です。

　なお、本ガイドラインの内容は、今後の政府対処方針の変更のほか、新型コロナウイルスの感染の地域における動向や専門家の知見、意見等を踏まえ、必要に応じて適宜改訂を行います。

1　手引き誘導の基本的な考え方

感染予防の対策をしたうえで手引き誘導の方法は「いつも通りに」！

　日常生活を安全に過ごすために濃厚接触をせざるを得ない視覚障害者の特性をまず理解したうえで、下記の基本的な考えのもと支援にあたるようにします。

　視覚障害者を手引き誘導する際には安全性・安心感の確保が最優先であり、その安全性の確保の中には新型コロナウイルスの感染防止も重要な観点として含まれます。一方で感染の防止を優先するあまりにつまずきや転落、物への接触等、危険な状態を招くことは避けなければならず、感染防止と危険回避の両立をもって安心感の確保を実現するよう工夫していくことが求められています。

ポイント！
・手引き誘導の方法は原則、肘の上をつかむ、もしくは肩に手を置くなどの方法をとります（手引き誘導の方法は、盲導犬使用者も含め視覚障害者の数だけあるので話し合うことが大切です）。
・手引き誘導の際に白杖や盲導犬、腕などを引っ張ったり、後ろから押したりするような方法は取らないでください。
・検温、マスクの着用、手洗い、消毒等の配慮は双方が十分に注意するようにします。
・向かい合っての会話は避け、話す際には双方とも同方向を向くようにします。
・視覚障害者が直接ものに手で触れる機会は必要最低限にし、口頭での説明に努めるようにします。
・マスクやフェイスシールドの着用により声が聞こえにくくなりますので、はっきりと確実に伝えるようにします。
・飛沫防止フィルムの設置やベンチの移動、間隔を空ける列など、従来の環境と変化している場合は状況を説明します。

2 場面別手引き誘導の方法

（1）同行援護従業者による手引き誘導

　感染予防の対策を十分行った上で、手引き誘導の方法は肘の上をつかんでもらう、もしくは肩に手を置いてもらう方法によることを原則とします。事前に外出の目的を確認し、視覚障害者と相談しながら、混雑する場所やルートを避けて目的地に向かうように努めます。同行援護時に従事者がアームカバーを使用する場合は、対象者ごとに交換（アームカバーは洗濯）します。脱ぐ時は静かに端から外側を内側に入れ込むようにし、カバーを扱った後にはよく手を洗います。携帯用の消毒液を携帯し、こまめに消毒するように心がけるようにします。

　　※マスク、アームカバーの着用は基本とし、フェイスシールド、ゴーグル、手袋については必須ではありませんが地域の感染状況を考慮し判断をしてください。

（2）公共交通機関の職員による手引き誘導

　改札を通過する際には声掛けをしてください。視覚障害者の希望に応じて手引き誘導を行いますが、駅ホーム上や階段などは特に安全確保に努めます。切符の購入などの際は間隔を空けて並ぶことが難しいため、具体的に並ぶ位置を指示する、もしくは窓口での購入対応をお願いします。

（3）医療機関・介護施設の職員による手引き誘導

　通常の診察、介護の際には十分に感染予防をしたうえで手引き誘導をします。視覚障害者に風邪の症状、または感染が疑われる症状が認められる場合には各医療機関、介護施設の感染予防対策をとりながら、いつも通りの手引き誘導をします。

（4）一般市民や通行者による手引き誘導

　感染予防の対策として行っている「距離を保って列に並ぶこと」や、「間隔を空けて席に座ること」が難しい場合があります。その他にも困っている視覚障害者を見かけたら声掛けをし、手引き誘導の方法を視覚障害者に尋ねてください。ただし、マスクの着用等、感染防止対策を双方が取っていることを原則とします。また支援者がどのような対策をしているのかを情報として視覚障害者に伝えてください。

3 その他

　2メートルの物理的な距離をとるという観点からの工夫として視覚障害者と支援者が直接腕や肩に触れずに白杖、棒、紐、ペットボトル等を介して手引き誘導する方法も提案されていますが、視覚障害者が自ら望む場合を除き、距離をとることでの危険性や心理的不安を考慮することが非常に重要であります。特に転落の危険性のある駅ホームや段差のある場所では視覚障害者、支援者の双方が慣れている基本姿勢を維持し、不慣れな方法をとらないようにしてください。

　視覚障害者にとっては、支援者と物理的な距離をとることで却って安全性を損ない、場合によっては命にかかわる危険にさらされる状況が生じ得ることを理解していただきますようお願いいたします。

注記　視覚障害者の歩行介助の呼称については手引き以外にもガイド等も使われていますが、ここでは『手引き誘導』と表記させていただきます。

日本歩行訓練士会 事務局
〒538-0042　大阪市鶴見区今津中2-4-37
社会福祉法人日本ライトハウス 養成部内
TEL：06-6961-5521 FAX：06-6968-2059
メールアドレス：nippokai@lighthouse.or.jp

参考文献等一覧

【文献】

- 社会福祉法人日本盲人会連合監『ガイドヘルパー移動支援技術テキスト』神奈川県視覚障害者情報センター「神奈川ライトハウス」，2010年

- Everett Hill and Purvis Ponder, *Orientation and Mobility Techniques : A Guide for the Practitioner*, AFB Press, 1976

- 日本ライトハウス職業・生活訓練センター編『視覚障害者のためのリハビリテーションI歩行訓練』日本ライトハウス，1977年

- 日本ライトハウス職業・生活訓練センター『視覚障害者のためのリハビリテーションIII電子機器を活用した歩行訓練』日本ライトハウス，1979年

- 国立身体障害者リハビリテーションセンター監『視覚障害者のガイドヘルプ』〈身障リハ・シリーズ（18）〉，福祉図書出版，1985年

- 芝田裕一『視覚障害者の手引きとリハビリテーション〔第2版〕』日本ライトハウス養成部，1996年

- 国立身体障害者リハビリテーションセンター更生訓練所指導部「生活訓練業務指針」1994年

- ガイドヘルパー技術研究会監『ガイドヘルパー研修テキスト　視覚障害編』中央法規出版，2007年

- 坂本洋一『改訂視覚障害リハビリテーション概論』中央法規出版，2007年

- 野村敬子『はじめて学ぶガイドヘルプ—当事者とともに伝える支援の方法—』みらい、2006年

【ホームページ】

- 日本てんかん協会　https://www.jea-net.jp/

■ 執筆者一覧 (五十音順)

＊は編集代表

坂本　洋一（さかもと・よういち）＊ ───────── 本書の利用法について、養成研修の
前 和洋女子大学生活科学系教授　　　　　　　　　　企画について、第 1 章第 1・2 節、
　　　　　　　　　　　　　　　　　　　　　　　　第 2 章第 3・4 節、第 6 章第 5 節

鈴木　孝幸（すずき・たかゆき）───────── 第 1 章第 3 ～ 6 節、第 2 章第 8 節、第 4 章
特定非営利活動法人神奈川県視覚障害者福祉協会理事長

棚橋　公郎（たなはし・きみお）───────── 第 2 章第 1・2・5 ～ 7 節、第 10 章
社会福祉法人岐阜アソシア視覚障害者生活情報センターぎふサービス部長

長岡　雄一（ながおか・ゆういち）──────── 第 3 章、第 7 章第 4・6 節、第 8 章第 1 ～ 8 節
東京視覚障害者生活支援センター所長

福喜多　恭子（ふくきた・きょうこ）─────── 第 5 章、第 6 章第 1 ～ 4 節、第
神奈川県視覚障害者情報センター「神奈川ライトハウス」所長　　7 章第 3 節、第 8 章、第 9 章、
　　　　　　　　　　　　　　　　　　　　　　　　　第 10 章

山本　和典（やまもと・かずのり）─────── 第 7 章第 1 ～ 3・5・7 節、第 8 章第 9 節、第 9 章
公益社団法人東京都盲人福祉協会事務局長

同行援護従業者養成研修テキスト　第4版

2021 年 11 月 5 日　初　版　発　行
2024 年 5 月 30 日　初版第 4 刷発行

編　集　　同行援護従業者養成研修テキスト編集委員会
発行者　　荘村明彦
発行所　　中央法規出版株式会社
　　　　　〒 110-0016　東京都台東区台東 3-29-1　中央法規ビル
　　　　　TEL 03-6387-3196
　　　　　https://www.chuohoki.co.jp/

装幀・本文デザイン　　タクトデザイン
本文イラスト　　　　　赤木あゆ子・紙谷欣作
本文 DTP　　　　　　　有限会社 エイド出版
印刷・製本　　　　　　株式会社 太洋社

ISBN978-4-8058-8384-6